自分のことがわかる本

――ポジティブ・アプローチで描く未来

安部博枝

JN147979

岩波ジュニア新書　860

はじめに

「自分の自慢できるところを3つ書き出してください」

皆さんは、もしこんな風に尋ねられたら、すぐに3つ書けますか。私が社会人向けのキャリアデザイン研修(自分の人生の設計図をつくるような研修です)でこう尋ねると、皆さん「え～」と戸惑《とまど》われます。「1つも思い当たりません」なんておっしゃる方も珍しくないのです。

「さっき私に自分から明るく挨拶《あいさつ》してくださいましたよね、それも自慢できると思います」と言うと、「そんなこと当たり前ですよ」と言わんばかりの表情をされることもあります。でもそれって、本当に当たり前で自慢できることではないのでしょうか？　自分の長所って案外自分では気付かないもの。他の人からみたら、そんな風に初対面の人に明るく挨拶できることが羨《うらや》ましかったりするのです。

実は、そんなことを言っている私も長所よりも短所が気になる人間です。なので、何かをしようとした時、できることよりもできない理由を並べて、始める前から諦《あきら》めてしまうようなところがありました。

そんな自分がこの年(きっと皆さんの親御さんか、それ以上でしょう。現に私は、中学生と大学生の母でもあります)になって、起業にチャレンジし、今は、大学で研究をしながら博士号の取得を目指しています。むしろ、やってやれないことはない、という精神です。

振り返ってみると、どうしてもっと若いうちにこんな風に思えなかったのだろう、あの時に諦めなかったら今はどんな自分になっていたのかな、と思ったりもします。決して過去を悲観しているわけではないですが、その頃の自分にもし今会えるとしたら、そっと背中を押してあげたいと思うのです。その思いが、かつての私と同じよう

に少し足踏みをしている無限の可能性をもつ皆さんの背中を少しでも押すことになれば、と願い、この本を書いています。

皆さんは「ありのままの自分」が好きですか。

今、「ありのままの自分」ってどんな自分だろう、って少し考えませんでしたか。自分のことなのに、本当の自分がわからなかったりしますよね。「ありのままの自分」、つまり「私はこういう人です」という自分自身で認知している自分のイメージを自己《じこ》概念《がいねん》といいます。中高生の皆さんは、今まさにその自己概念を創り上げている最中ですから、ことさら難しく感じるのではないでしょうか。私たちの心はとても複雑にできていて、自分のことを誰よりもわかっているようで、実は自分だけで正確に理解するのはとても難しいのです。

自分だけでは気付けなかった自分と自分の良さを見つけてみませんか？ 3つだけじゃなく、すぐに5つ、いえ、もっともっと挙げられるように。自分の良さが見つかると自分を好きになれます。そして、他人の良いところも見つけてあげることができるようになってきます。そうして他人の良いところを見つけられる人は、また他人から良いところを見つけてもらえるのです。どうです、ワクワクしませんか？

この本は、皆さんが自分の思いを書き込んでいくことで完成します。

少し面倒だな、と思っても飛ばさずに書き込んでいってください。途中、親しい方たちに協力してもらうところも出てきます。借りたもので書き込めない場合には、コピーをとってもよいですし、手帳やノートでもよいので、自分の手で書いてほしいと思います。

その書いている時間が自分と向き合っている時間です。ページをめくり、書き進めるたびにひとつずつ自分と自分の良さを見つけて、この本を読み終わる頃には、皆さんが新しい自分に出会えることを願っています。

目次

はじめに

イラストレーション・空閑美帆

1　自分に自信がもてますか？

●自分の強みに目を向けよう

「ありのまま」の自分と向き合ってみる

「ありのままでいいの」。一大ブームを巻き起こしたディズニー映画「アナと雪の女王」の挿入歌の一節です。

なぜ、その一節がそんなに多くの人々の心に響いたのでしょうか。

私たちは、普段は人前で自分を取り繕《つくろ》ったり、少し背伸びをしてみたりしています。本当は人前で歌をうたうのは苦手でカラオケは好きじゃないのに、友達と一緒に楽しそうに盛り上がっている自分がいて、家に帰って「あー、疲れた」、なんてことありませんか。大して好きでもないアイドルなのに、周りに合わせて好きだと言ってしまう、なんてこともありますよね。ライバルに馬鹿にされたくなくて知ったかぶりをしてしまうこともあるかもしれません。

他者と関わる上で、「ありのまま」の自分を表現することは、案外勇気のいることです。そして、自分の好きなところも嫌いなところも「ありのまま」に受け入れることもなかなか難しいことです。だからこそ、「ありのままでいいの」という一節が多くの人の共感を呼んだのでしょう。

「アナと雪の女王」の主人公エルサは、触れたもの何もかもを凍らせてしまうチカラをもっていました。大好きな人をも凍らせてしまうチカラは、エルサにとっては不必要で不都合なものだと感じられ、周りに隠して生活をしていました。やがてそんなチカラをもった自分までも迷惑な存在と感じ、氷のお城に引きこもってしまうのです。誰もいない氷のお城では、誰の目も気にせず雪や氷を操《あやつ》り、自分を偽《いつわ》ることもありません。

「ありのまま」の自分を受け入れ、「ありのまま」に振舞《ふるま》える自由を感じて歌った一節が「ありのままでいいの」でした。

これは、私たちにもいえることです。家に帰り、いつものジャージに着替えて、

「ありのままの自分」になる。ふっと肩の力が抜ける瞬間ですね。周りの目から解放され、気にならなくなった瞬間に「ありのままの自分」に戻るのです。

逆にいえば、周りの目を気にしてしまうと、「ありのまま」でいられなくなるわけです。こんなことを言ったらどう思われるだろう？　こんな服を着たらセンスないと思われるかも、という具合です。周りと自分を比べれば、時には自分に自信を失くしてしまうことさえあります。

残念ながら、そうして周囲と自分を比べたり、「自分はどう思われているんだろう」というような他者からの目で自分を見ていると、「ありのままの自分」を発見していくのは難しくなります。まずは、自分の目で自分を見つめるところからはじめてみましょう。

なぜ自分を肯定的に受け入れられないの？

では、ここで自分の自慢できるところを3つ書き出してみましょう。

＊　　＊　　＊

どうですか、今、無意識に周りの人たちと自分を比べていませんでしたか。頭では人間同士を比べることはできない、とわかっているのに、ついつい比べてしまいますよね。

〝相対評価〟という言葉、皆さんは聞いたことがありますか。学校の成績評価で聞いたことがある人もいるかな、と思います。これは学年全体の中で、自分のテストの結果が何番目であるとか、成績が平均より上か下かなど、ある対象と比較して自分の評価を決めることです。これは、学習の側面では、自分の位置を確認して「もっと頑張ろう」と意欲が喚起《かんき》されたり、ライバルを見つけて発奮するキッカケになるかもしれませんし、偏差値《へんさち》は受験の時の判断材料としては必要になるものだといえるかもしれません。

しかし、私たちが自分について考えるときに、この〝比べる〟という行為がとてもやっかいなのです。

なぜならば、比較する対象によって自分の評価が大きく変わってしまうからです。

○○さんよりはかわいいと思う、○○よりは運動ができる、クラスで一番足が速い……、これらの例では、友達やクラスメイトと〝相対評価〟して自分の評価を決めています。皆さんが嫌いな「○○くんは家で毎日勉強しているらしいわよ」とか「○○ちゃんは、○○高校を受けるんだって、あなたも頑張りなさい」といった発言は、親御さんが同級生とわが子を〝相対評価〟することで出てしまう発言です（親の立場からは私も大いに反省すべきです）。

そうやって、同級生と比較されると、「○○と私は違う人間なんだから比べないで！」って思いませんか。本当にその通りです。同じテストを受けた結果であるならともかくとして（これも本当は比べてほしくはないですね……）、やっぱり、人間同士を比べることはできませんよね。

前のクラスでは一番の成績が自慢だったのに、クラスが変わったら自分よりももっともっとできるクラスメイトがいて、自慢できるものがなくなってしまった、悔しい。サッカー部ではずっとエースで、チームメイトにも監督にも一目置かれる存在だったのに、ジュニアユースで活躍していた転校生が入ってきた途端、みんなの注目が一気に彼に移ってしまった、自分はもう必要とされていないのかもしれない、と落ち込む。

実は自分は全く変わっていないのに、周囲の環境が変化しただけで自分の自分に対する評価が変わってしまう。同じ自分なのに自信を失くしてしまう原因です。これはとても残念なことだと思いませんか。

つい比べてしまう私たち。ちょっと難しいかもしれませんが、自分と他者を比べることを止めてみましょう。比べるのは昨日の自分です。毎晩寝る前に、昨日より少し成長した今日の自分、未来に向かって少し前進した自分を見つけてください。

自分の長所を活かすことで短所を補える

しつこいようですが、ここでもう一度、自分の目で自分を見つめてみて、自分の好きなところと嫌いなところを挙げてみましょう。

好きなところ

嫌いなところ

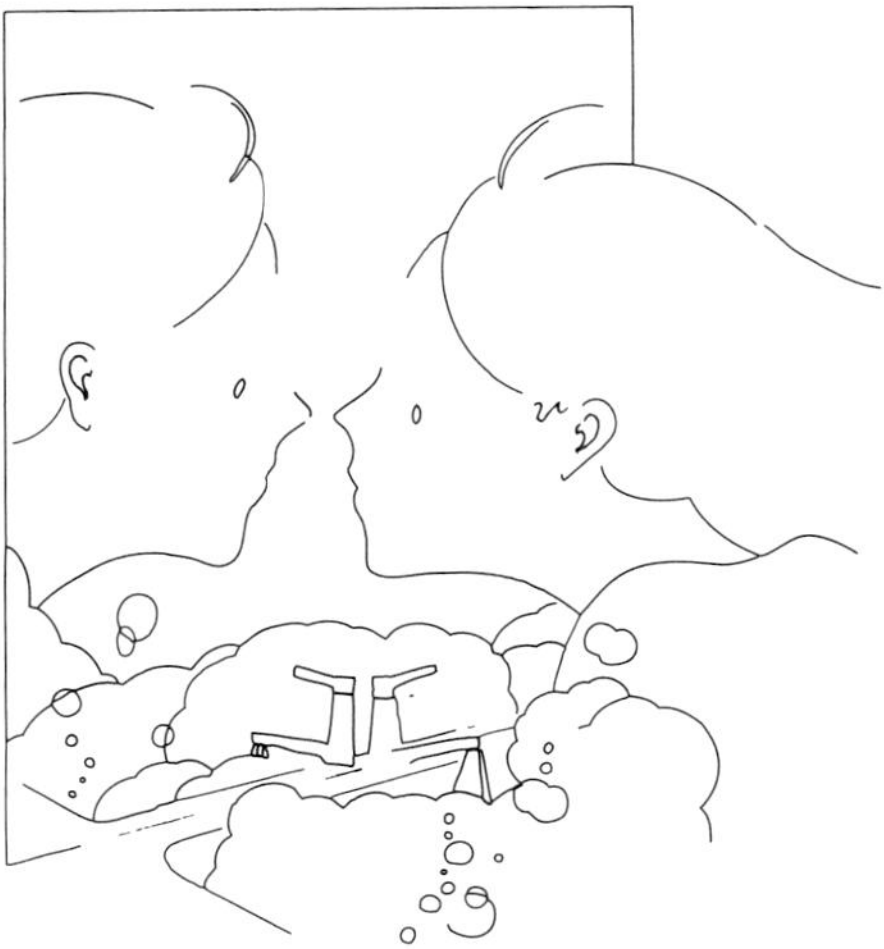

嫌いなところより好きなところがたくさん挙げられた人、素晴らしいです！　自分のことを大好きと思える、そこもあなたの強みですね。しかし残念ながら、嫌いなところの方が多く挙がった人も多いのではないでしょうか。

アメリカのアルバート・エリスという心理学者は、私たち人間のことを「非合理で悲観的な生き物である」と言っています。要するに、ものごとも自分自身も「ありのまま」に捉えることは難しく、どちらかというと否定的に捉えやすい傾向をみんながもっているということです。なので、どちらかというと長所よりは短所の方が気になってしまうのは、皆さんが共通でもつ思いです。

テストの前に得意科目と苦手科目、どちらが気になるかといえば、たぶん苦手科目ですよね。「あー、明日は苦手な英語がある」「歴史が覚えられない、どうしよう……」とか。私は、小学校の算数の時までは成績が良かったのですが、中学生になって初めての数学の試験で50点満点中14点を取り、それ以来今に至ってもなお、数学コンプレックスに悩まされています。この数学コンプレックスがその後の私の人生にどう影響を及ぼしてきたかは、後に綴《つづ》ることにしたいと思います。

さて、テストが明日に迫っているのにほんの30分の仮眠のつもりが気付けば朝になってしまった！　学校に行くまでの1時間、何とか詰め込んでいかなくちゃ‼　こんな危機的な状況になったと想像してみてください。この状況で得意な英語と苦手な数学だったら、どちらを勉強しますか？　「そりゃ数学でしょ」、ですよね。

多分、私でもそうしたと思います。泣きそうな思いで必死に数学の公式を頭に叩き込んでいるかつての自分の姿が頭に浮かびます。やればやるほど出来ないことが出てきてさらに焦る、焦ったら頭に入らない……、あー、もう時間切れ。重い足取り、あるいは焦りと怒りの足取りになるかはさておき、とにかく良い精神状態でテストに臨むことは難しいでしょう。

ここで、この究極の選択において英語を選択したパターンを想像してみましょう。うーん、数学も気になるけど、英語だけはどうしても評点8は死守したいし。元々得意な英語だから教科書を開いてみたら、あ、何とかなりそう。単語の綴りが怪しいからそこはもう一回書いておこうかな。よし、まぁ何とかなるわ、とまぁまぁのモチベーションで学校に向かう、という具合です。

仮にそのテストの結果を単純に、勉強した分を評点プラス1、しなかった分をマイナス1として、評点10点満点中、元が数学4、英語8だったとしてカウントしてみます。数学選択パターンでは、数学5、英語7、英語選択パターンでは、数学3、英語9、足して2で割ったらどちらも同じ6です。

果たして本当にそうなるでしょうか。私はそう思わないのです。苦手なことに取り組むエネルギーを同じだけ得意なことに注いだら、もっと多くのことができそうですし、より多くの結果が得られると思うのです。数学を5にするエネルギーで英語は9ではなく10を取れそうな気もしますし、その過程も苦手な数学と対峙するよりははるかに楽ではないのか、と。

私たちのついつい気になってしまう苦手なことや自分が嫌だと思うことがクローズアップされてしまう「非合理で悲観的な」傾向を、「合理的で楽観的な」視点に変えてみる。自分の得意なことや好きなことにこだわってみる、これが、私の考える「ポジティブ・アプローチ」です。

この本を読んでくださっている多くの皆さんは、テストの結果や学校の成績では、どの科目でも良い点を取ることを求められていると思います。特にまだ中学生の皆さんは、これから社会で生きていく上で最低限必要となる基礎教科をしっかりと学ぶ必要があると思います。でも高校生で大学受験を控えた方はおわかりのように、多くの高校では自分の得意な教科を選択して学べるようになります。いわゆる文系、理系という選択です。

最近では、この境目を強調しない傾向も強くなりましたが、大学では自分が得意な科目傾向を選択し、深く学んでいけるようになります。要は、すべてにおいて100点満点を求めるわけではないし、それは無理なことでしょ、ということです。

当たり前のことですが、国語が得意な人もいれば苦手な人もいて、数学もまたしかり、です。ある意味でそれも個性です。それなのにどうも真面目な私たちはすべてにおいて100点満点を目指してしまう傾向があり、苦手でできないところを何とかしなければ、と思ってしまうようです。先ほどの「非合理で悲観的な」傾向というのが、まさにこれですよね。

英語が得意で数学が苦手な自分なら、数学が苦手な自分と同じだけ英語が得意な自分も認めてあげる。数学ができない自分に自信を失うのではなく、英語ができる自分を褒めてあげて自信をもちましょう。誰にも苦手なことや欠点はあります。その欠けた部分は、自分の得意なところ、つまり〝強み〟で補ってあげれば良いのです。

数学のマイナス10点を、英語のプラス20点で補ってあげることができれば、トータルでプラス10点です。すべてに完璧を求めたら息切れしてしまいますし、むしろ皆さんの大事な個性もなくなってしまいます。

〝強み〟は、自分に自信やエネルギーを与え、欠点を補う大事な武器になります。限られた時間を生きる私たちが毎日を楽しく前向きに生きるひとつの方法ではないでしょうか。

自分の長所に気付くための視点

ここまでで、私たちは周囲の目を気にすることにより、「ありのまま」でいることが難しく、そして「非合理で悲観的な」傾向のゆえに、どうしても自分の得意なところよりも不得意なところの方がクローズアップされやすいことを書きました。そのように、そもそも私たちは、自分を「ありのまま」に認めることが難しい生物なのです。そうだとしたら、「ありのまま」の自分や、さらには自分の武器である〝強み〟に気付くためには、どうしたらよいのでしょうか。

皆さんは出かける前に自分の姿をどうやって確認しますか。そもそも自分がどんな顔をしているか、どうやって知ったのでしょうか。

「あなたには目が2つあって……」と説明されても、人の顔というものを見たことがなければ、その目がどういうもので、どこに付いているのかもわからないですよね。恐らく、自分の周りにいる人たちを見て、人間の顔というものは……と知り、鏡を見て自分の顔がどのようになっているかを知ったのだと思います。

オオカミに育てられた少女は自分のことをオオカミだと思い込んで生きた、という話にあるように、自分ひとりでは、自分が何者であるかを理解できないのです。自分を映す鏡が必要なのですね。その意味で、家族や友人、学校の先生といった周りにいる人たちが皆さんの鏡になってくれているのです。これが、私たち人間はひとりでは生きていけない、と言われる所以《ゆえん》のひとつです。

本当の自分と出会うためには、沢山の角度から自分を見せてくれる様々な鏡が必要になるのですね。つまり、色々な目をもった他者とのコミュニケーションです。

その過程の中では、「えっ」と予想もしていないことを言われることもあります。時には、「そんなこと他人に言われたくない」「私の何がわかるの」と思うこともあるかもしれません。その時こそ、新しい自分を発見するチャンスだといえます。

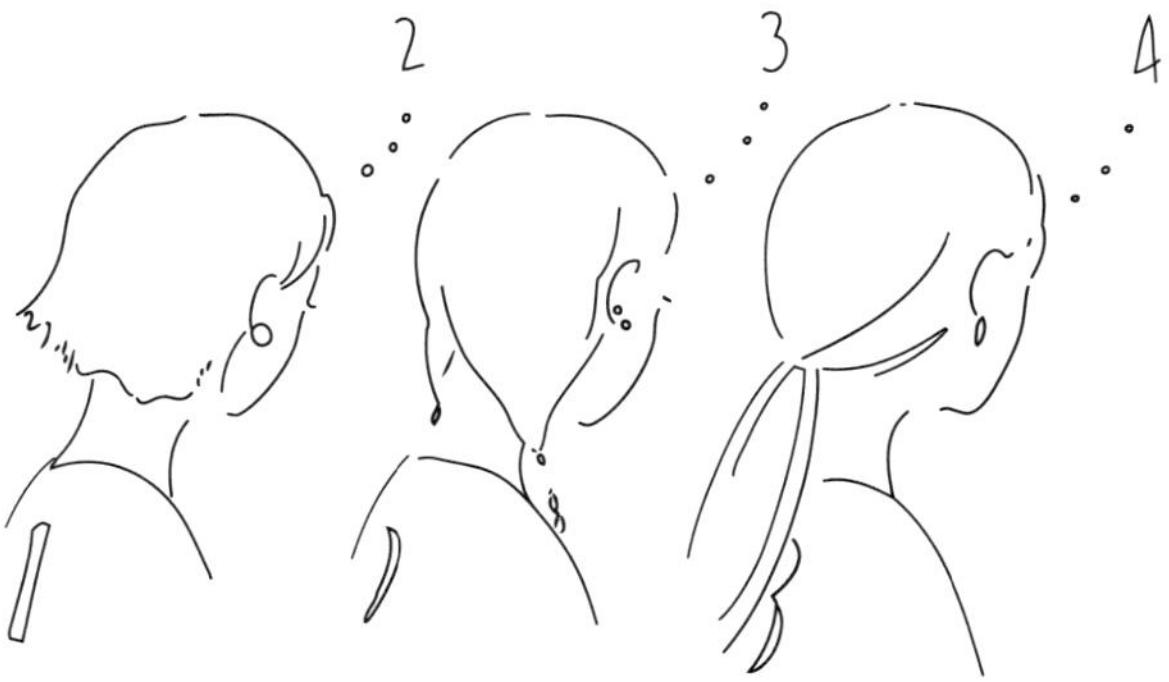
2
3
4

自分では全くそう思っていなかったけれども、他の人にはそんな風に自分は見えているのかな、と自分の中に受け入れてみる。自分の良さは、実は自分ではなく、案外周りにいる人の方が知っていたりするものなのです。

2　今の自分を深く知ろう

●自分のこと、どのくらい知っていますか？

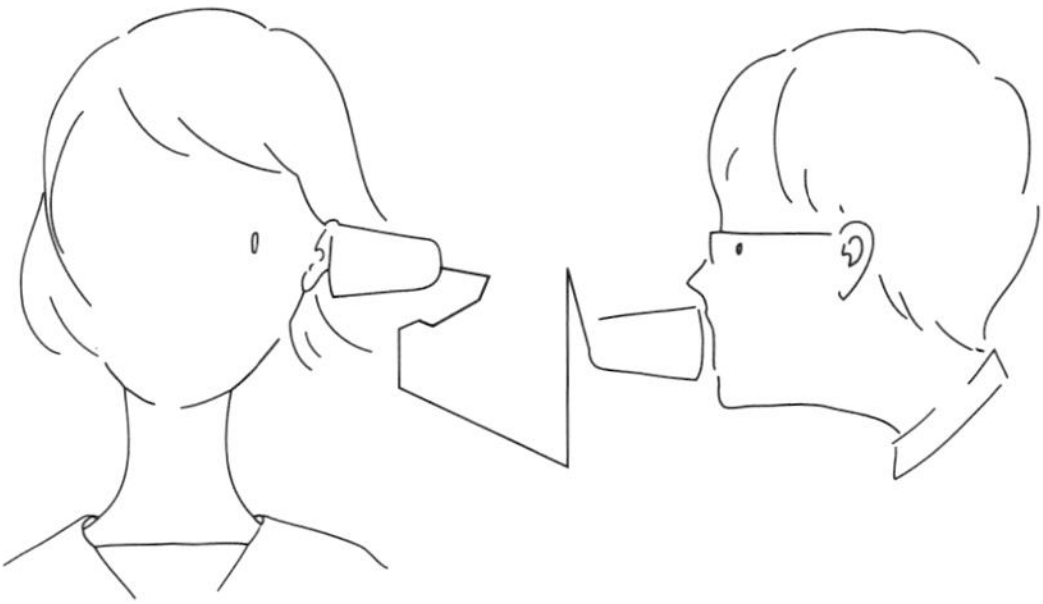

コミュニケーションで自分を知ろう

アメリカのジョセフ・ラフトとハリー・インガムという2人の心理学者が提唱した「ジョハリの窓」という有名な理論があります。これは、他者とのコミュニケーションによって私たちの自己理解が深まっていくことを説明するものです。

前述したように、私たちは自分のことを自分が一番わかっているようで、実はそうでもないこと、他者からの鏡が無ければ、正しく自分を理解できないことを示唆《しさ》する理論でもあります。

誰でも自分について自分がわかっている部分と気付いていない部分、周りの人はみんな知っている自分の部分と知られていない部分があります。

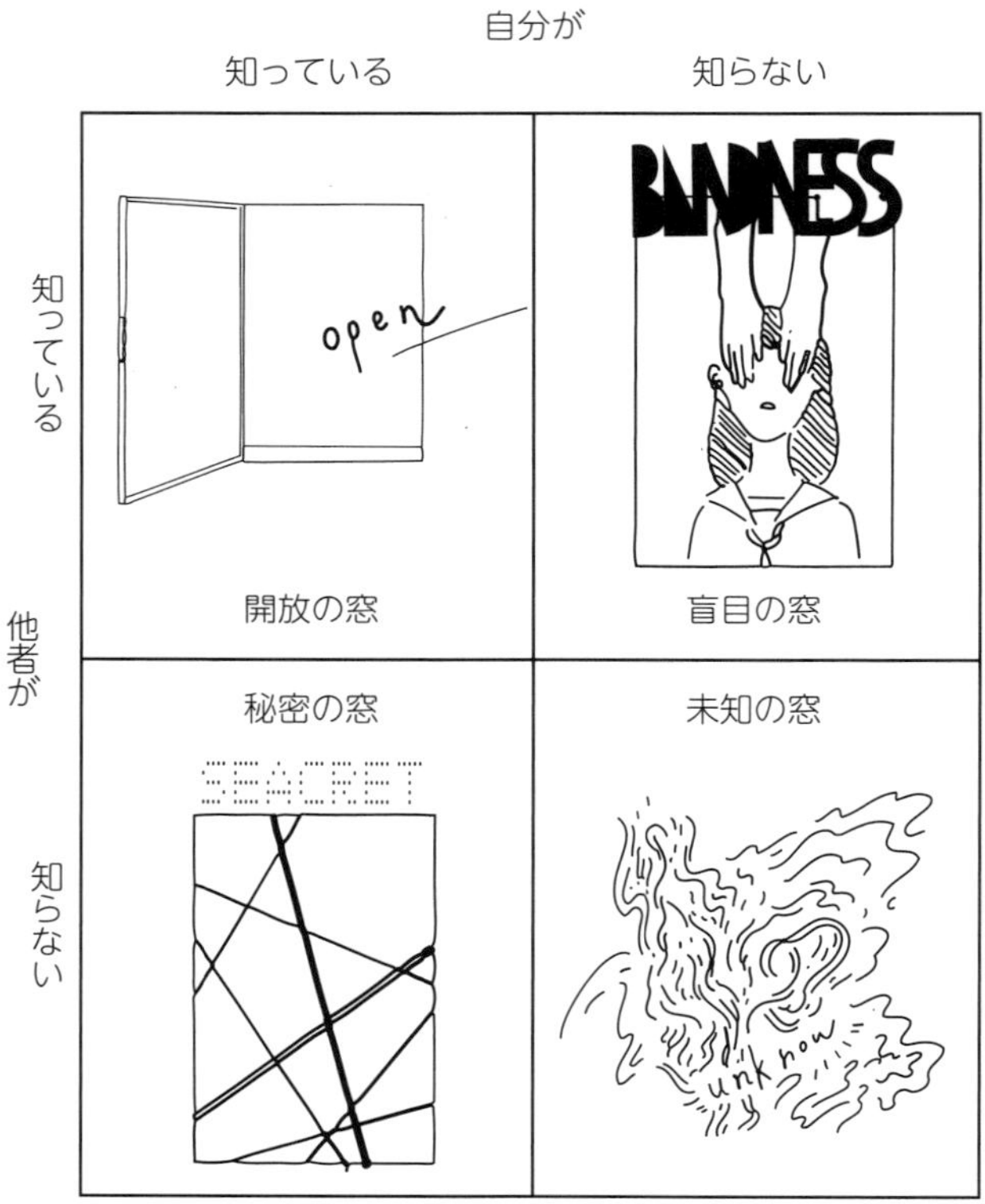
自分が
知っている
知らない
他者が
知っている
知らない
open
開放の窓
盲目の窓
秘密の窓
未知の窓
unknow

ジョハリの窓

「開放の窓」は、自分も知っていて、かつ他者も知っている部分です。ですから、人はこの領域でコミュニケーションを取っています。なので、自分のことをできるだけ知られたくない、と思うと必然的にこの領域が狭くなり(「秘密の窓」が大きくなる)人とのコミュニケーションを避けるような傾向もでてきます。人はよくわからない相手を警戒しますから、親しい関係を築くのが難しくなることもありそうです。

次に「秘密の窓」は、ズバリ、相手には知らせていない秘密の部分です。この部分は相手によって、大きさが変わってきます。知り合ったばかりの人と昔からの親友では当然大きさが変わっていますよね。ここは、付き合う長さによって違うかといえば、そうでもありません。

生まれてからずっと一緒に暮らしている家族にも話していないことを、実は親友は知っている、出会ったばかりなのに、意気投合してこれまで人に話したことのないような話を思わず打ち明けてしまった、などのように、相手との親密性にも大いに関わってくる部分です。

ある意味で、自分自身でこの部分の大きさはコントロールできる部分でもあります。このように自分のことを他者に知らせる行為を自己開示、といいます。

また、「盲目の窓」ですが、これは自分自身は気付いていない部分だけれども、周りの人はみんな知っている部分です。ちょっと気になりますね。

例えば、口癖《くちぐせ》であったり、無意識に行っている行動のようなものです。この部分は、相手から教えてもらわない限りは、自分で気付くことはできません。

例えば、足を怪我《けが》してしまった友人がいて、大変だろうからと、頼まれていないけれども、「荷物をもってあげるから一緒に帰ろう」と言う。相手は「一人で帰れるから大丈夫。いいよ」と言うけれど、「気にすんなって」と無理やり一緒に帰る。この行為を友人が望んでいたとしたら「ありがとう!」となりますよね。

ところがこの友人は、そうして人に気を遣われることが負担で、周りが自分に合わせて遅く歩いてくれる方がむしろ嫌なことだとしたらどうでしょう。別れ際、「明日からは自分のペースで帰るよ」なんて言われるかもしれませんね。

その時「せっかく親切に言ってやったのに。あいつは恩知らずな奴だ」と思い、少し自分のプライドも傷ついたような気持ちになってしまったとしたら、自分の「盲目の窓」は狭まっていきません。

このような行為は、自分は相手に親切にしているつもりなので、当然自分では気付けません。自分では良かれ、と思ってやっていることが、人によっては不快にさせていることもあったりするのだ、ということを知るのも、様々な人と良好なコミュニケーションを取る上では必要なことなのです。

そのような他者から自分への様々な形での指摘をフィードバックといいます。「そうか、そんな風に思う人もいるんだな。自分は親切のつもりだったけど、もしかしたら相手が負担に思うこともあるのかもしれないな。あ、自分ってもしかしたらお節介なところがあるのかもしれない」と気付いた瞬間に、この窓が狭まり、自己理解が深まっていくのです。

ちょっと耳の痛い話も、もしかしたら自分にとっては大事な機会になっているかもしれませんね。

そして「未知の窓」です。これは「潜在能力の窓」といわれることもあります。要するに自分も他者も気付いていない窓ですから、この部分にこそ、あらゆる可能性が存在しているといってもいいかもしれません。

この部分を知る(つまり「未知の窓」を小さくする)には、どうしたら良いのでしょうか。そうです、ちょっと勇気のいることかもしれませんが、積極的に自己開示をして「秘密の窓」をできるだけ小さくしていくことと、他者からのフィードバックを素直に受け入れて「盲目の窓」も小さくしていくことです。

例えば、「私はこんなことがしてみたいです!」と自己開示して周りの人に知ってもらうことで、他者からも自分では気付けなかった能力を発見してもらいやすくなります。

例えば芸能人になりたいと思ったら……

パターン1：芸能人になりたい↓私には無理だろうな↓特に何もしない↓何も起こらない。

パターン2：芸能人になりたい↓周りの人に言ってみる(自己開示)↓こんなオーディションがあるよ、と自分では知らなかった情報を友人からもらうことができる(フィードバック)↓オーディションで自分では気付かなかった才能を見つけてもらうことができた(フィードバック)↓デビュー(潜在能力が開花する)。

単純に書くとこんな感じになります。

このようにコミュニケーションの中から、自己理解を深めたり、新しい自分を発見することができるのです。

自分のことをオープンにして、他者からのフィードバックを恐れることなく受け止められるようになると、「開放の窓」が広くなり、コミュニケーションもラクになってきます。コミュ障（コミュニケーション障害の略）なんていう、若者言葉もあるようですが、コミュニケーションは面倒でできれば避けたいもの、でなくもっとポジティブに楽しんでほしいと思います。そのためのちょっとしたコツは、後の章でお伝えしたいと思います。

自分が知らない自分の強みを見つける

せっかくですから、この本を読んだことをきっかけとして利用して、皆さんの身近にいる方たちからフィードバックをもらってみましょう。この本のテーマは「ポジティブ・アプローチ」ですから、あくまでも自分の良いところをフィードバックしてもらうのがルールです。親しい友人でも「私の良いところってどこだと思う?」と聞くのは、なかなか勇気がいりそうですから、インタビューシート(自分発見シート)にしてみました(次頁)。書いてもらえば、それも自分の宝物になるかもしれません。自分が聞いてみたい人にちょっとしたゲームのような感覚で頼んでみましょう。一番近くで皆さんをみているご両親や兄弟などにも是非お願いしてみてください。あらためて「そんな風に自分のことを思ってたのか」と気付くこともあるかと思います。

自分発見シート

年　　月　　日

＿＿＿＿＿＿さんへ

＿＿＿＿＿＿の良いところを教えてください。

〔内面〕

〔外見〕

〔ここだけは勝てないな〜と思っているところ〕

ありがとうございました!!

自分発見シート

年　　月　　日

＿＿＿＿＿＿＿＿さんへ

＿＿＿＿＿＿＿＿の良いところを教えてください。

〔内面〕

〔外見〕

〔ここだけは勝てないな〜と思っているところ〕

ありがとうございました!!

どうでしたか？　自分では当たり前に感じていたことや、気付かずにいたことを沢山フィードバックしてもらうことはできましたか。先生から「○○さんは、努力家です」と言われた時に、それを素直に受け入れることができましたか。

自分では当たり前と思っていたことでも、他者からのフィードバックによってそれが自分の強みであることに気付くことができます。自分の自己概念をできるだけポジティブにすることが自分の将来を前向きに描く上では重要なことです。

皆さんの「盲目の窓」が狭まり、また「未知の窓」をのぞくことができたのではないでしょうか。

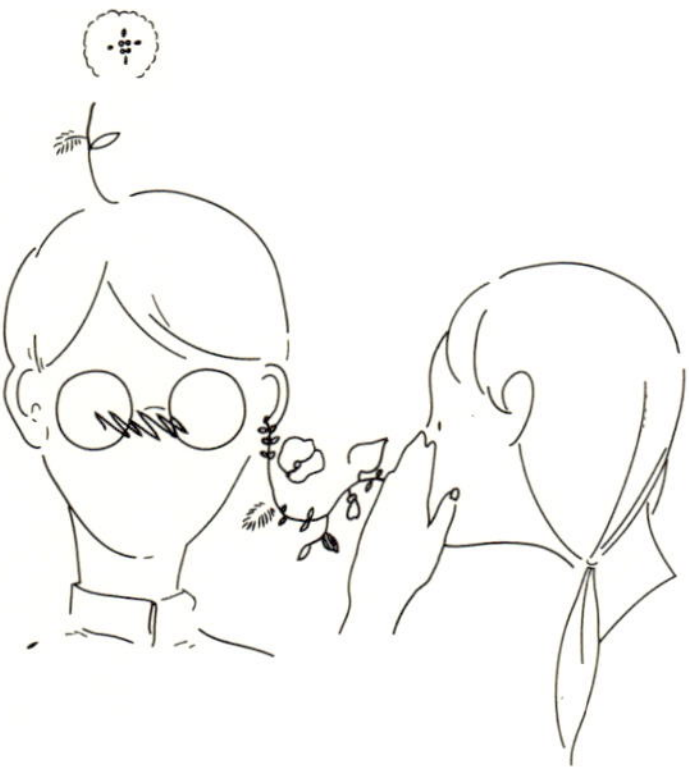

客観的な指標で自分を知ろう

アメリカの精神科医であるエリック・バーンが提唱した交流分析という心理学理論があります。その弟子のジョン・デュセイという学者が、交流分析をもとに私たちの誰もがもつ5つの心の状態をグラフで表し、見えるように開発したものをエゴグラムといいます。

このエゴグラムから、自分の性格特徴や行動パターンを知ることができます。「○○とは何となく気が合う」「○○とはいつも顔を合わせると喧嘩になってしまう」など、色々な特徴を持った私たちが互いにコミュニケーションを取ろうとするときには、相性のようなものが存在します。自分にどんな特徴があるのかを知り、相手を「こういう傾向がある人なんだな」と、客観的にみられるようになることは、これからの様々な場面できっと役に立つと思います。

では、早速テストをしてみましょう。ここでは、皆さんに楽しんでもらえるように、エゴグラムを子ども向けにわかりやすく改良したものを、鹿嶋真弓さんの『「生きる力」は、きみの中にある。』より転載します。では、はじめてみましょう！

エゴグラムでわかる性格の特徴と行動パターン

他人と過去は変えられませんが、自分と未来は変えられます。自分の心の癖を知って行動することは、ただ単に人間関係をスムーズにするだけでなく、なんと自分の未来をも変えられるのです。自分の性格の特徴と行動パターンは、心理学の交流分析から生まれたエゴグラムという方法で知ることができます。では、さっそく試しにやってみましょう！

エゴグラムのチェックのしかた

以下の質問に、「はい」は2点、「いいえ」は0点、「どちらでもない」は1点で記入していき、最後にチェックごとの合計の数字をグラフに書き込み、線で結んでみましょう。深く考えず、なるべく第一印象で決めて、できるだけ「はい」か「いいえ」で答えるようにしてね。

チェック1

点

1 何事もきちんとしないと気がすまない。（はい・いいえ・どちらでもない）
2 人がまちがったことをしたとき、なかなか許さない。（はい・いいえ・どちらでもない）
3 自分は責任感の強い人間だ。（はい・いいえ・どちらでもない）
4 自分の考えをゆずらないで、最後まで押しとおす。（はい・いいえ・どちらでもない）
5 礼儀、作法についてやかましいしつけを受けた。（はい・いいえ・どちらでもない）
6 何事も、やりだしたら最後までやらないと気がすまない。（はい・いいえ・どちらでもない）
7 親から何か言われたら、そのとおりにする。（はい・いいえ・どちらでもない）
8 「ダメじゃないか」「…しないといけない」という言い方をする。（はい・いいえ・どちらでもない）

9 時間やお金にルーズなことが嫌い。（はい・いいえ・どちらでもない）

10 親になったら、子どもを厳しく育てる。（はい・いいえ・どちらでもない）

チェック2

点

1 人に道を聞かれたら、親切に教えてあげる。（はい・いいえ・どちらでもない）

2 友達や年下の子どもをほめることがよくある。（はい・いいえ・どちらでもない）

3 他人の世話をするのが好き。（はい・いいえ・どちらでもない）

4 人の悪いところよりも、良いところを見るようにする。（はい・いいえ・どちらでもない）

5 がっかりしている人がいたら、なぐさめたり元気づける。（はい・いいえ・どちらでもない）

6 友達に何か買ってあげるのが好き。（はい・いいえ・どちらでもない）

7 助けを求められると、私にまかせなさいと引き受ける。（はい・いいえ・どちらでもない）

8 誰かが失敗したとき、責めないで許してあげる。（はい・いいえ・どちらでもない）
9 弟や妹、または年下の子をかわいがるほうである。（はい・いいえ・どちらでもない）
10 食べ物や着る物がない人がいたら、助けてあげる。（はい・いいえ・どちらでもない）

点

チェック3

1 いろいろな本をよく読む。（はい・いいえ・どちらでもない）
2 何かうまくいかなくても、あまりカッとならない。（はい・いいえ・どちらでもない）
3 何か決めるとき、いろいろな人の意見を参考にする。（はい・いいえ・どちらでもない）
4 初めてのことをする場合、よく調べてからする。（はい・いいえ・どちらでもない）
5 何かをする場合、自分にとって損か得かよく考える。（はい・いいえ・どちらでもない）
6 何かわからないことがあると、人に聞いたり相談したりする。
（はい・いいえ・どちらでもない）

7 体調が悪いとき、無理しないようにする。（はい・いいえ・どちらでもない）
8 お父さんやお母さんと、冷静によく話し合う。（はい・いいえ・どちらでもない）
9 勉強や仕事をてきぱきと片づけていくほうである。（はい・いいえ・どちらでもない）
10 迷信や占いなどは、絶対に信じないほうである。（はい・いいえ・どちらでもない）

チェック４

点

1 おしゃれが好きなほうである。（はい・いいえ・どちらでもない）
2 みんなと騒いだり、はしゃいだりするのが好き。（はい・いいえ・どちらでもない）
3 「わぁ」「すげぇ」「かっこいい！」などの感嘆詞をよく使う。（はい・いいえ・どちらでもない）
4 言いたいことを遠慮なく言うことができる。（はい・いいえ・どちらでもない）
5 うれしいときや悲しいときに、顔や動作に自由に表すことができる。

6 欲しい物は、手に入れないと気がすまないほうである。（はい・いいえ・どちらでもない）
7 異性の友人に自由に話しかけることができる。（はい・いいえ・どちらでもない）
8 人に冗談を言ったり、からかったりするのが好き。（はい・いいえ・どちらでもない）
9 絵を描いたり、歌を歌ったりするのが好き。（はい・いいえ・どちらでもない）
10 イヤなことをイヤと言う。（はい・いいえ・どちらでもない）

点

チェック5

1 人の顔を見て、行動をするような癖がある。（はい・いいえ・どちらでもない）
2 イヤなことをイヤと言わずに、我慢してしまうことが多い。（はい・いいえ・どちらでもない）
3 劣等感が強いほうである。（はい・いいえ・どちらでもない）

4　何か頼まれると、すぐにやらないで引き延ばす癖がある。
（はい・いいえ・どちらでもない）
5　いつも無理をして、人から良く思われようと努める。（はい・いいえ・どちらでもない）
6　本当の自分の考えよりも、親や人の言うことに影響されやすい。
（はい・いいえ・どちらでもない）
7　悲しくなったり憂鬱な気持ちになることがよくある。（はい・いいえ・どちらでもない）
8　遠慮がちで消極的なほうである。（はい・いいえ・どちらでもない）
9　親のごきげんをうかがう面がある。（はい・いいえ・どちらでもない）
10　内心では不満だが、表面では満足しているように振る舞う。
（はい・いいえ・どちらでもない）

＊この質問項目は、チーム医療刊・杉田峰康著『教育カウンセリングと交流分析』（２１４～２１５頁）より転載しております（一部変更）。

グラフにしてみよう

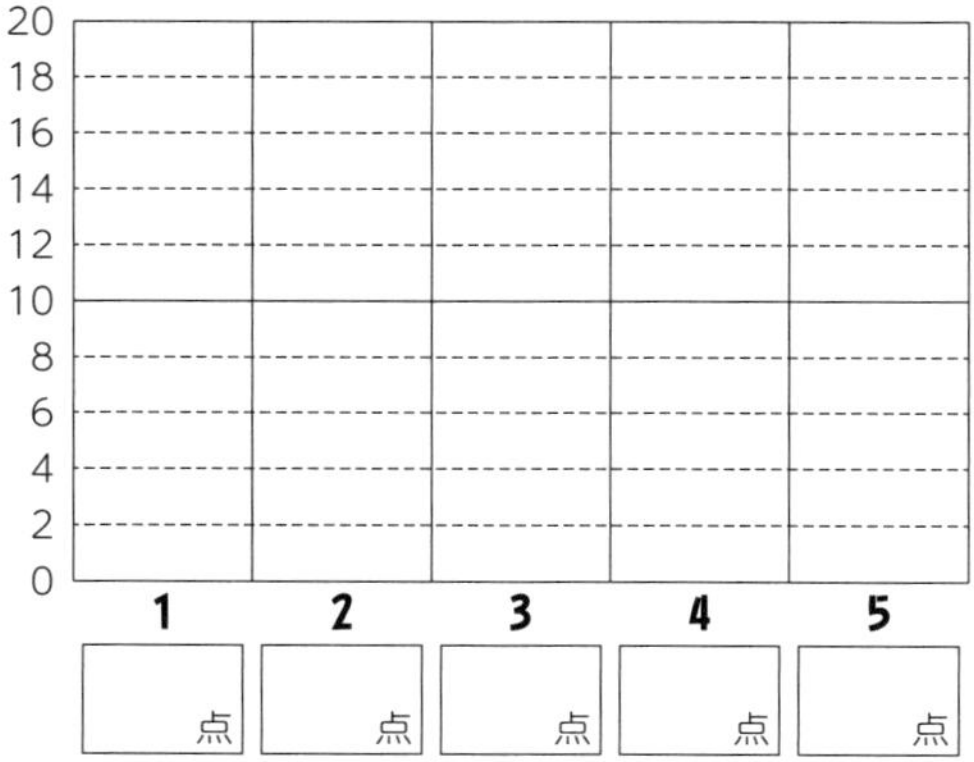

グラフの見方

まず、グラフの中で一番高い部分の項目番号と、一番低い部分の項目番号に対応するキャラクターを、次項から探します。例えば、下のグラフの場合、一番高いのが2、一番低いのが3になるので、動物キャラクターは、スーパーコアラとポケットモンキーになります。項目の点数にあまり差がない場合は、点数の近い項目もチェックしましょう。

全体的に高低差がなく平ら

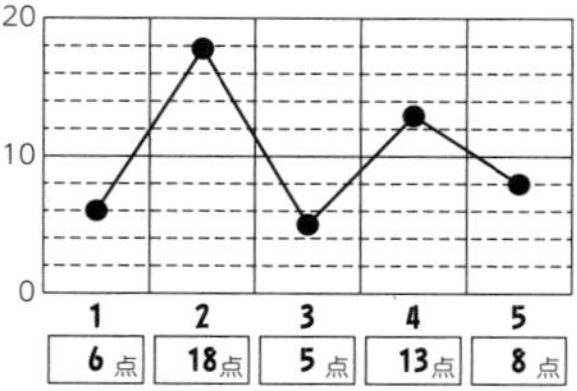

に近いグラフの人は、人間関係でトラブルを起こすことの少ない性格バランスの持ち主と考えてよいでしょう。

君の行動パターンはどのタイプ？

それぞれの項目の特徴は、5種類の動物キャラクターで表わせます。自分の行動パターンから、心の癖を読み取ってみましょう！

1 ライオン

自分にも他人にも厳しい完璧主義者がライオンタイプ。正義感が強くリーダー的要素もある。周囲からの信頼もあり、頼られることが多い。責任感も強いので、最後まできちんとやらないと気がすまない。

2 コアラ

人をいたわり、励まし親身になって面倒を見るコアラタイプ。罰するより、許しほめようという気持ちが強いので、誰からも好かれる。奉仕の精神がある。この要素が適度にあると人間関係がスムーズにいく。

3 サル

事実に基づいて物事を判断できるのがサルタイプ。感情に左右されず、大人としての視点を持ち、客観的に物事を考えて判断しようとする傾向が強い。場面に応じた、柔軟で現実的な判断ができる。

(高)スーパーコアラ
世話好き・優しい
心が広い

(低)プチコアラ
寂しがり
無頓着

(高)ウルトラモンキー
能率的・現実的
冷静沈着

(低)ポケットモンキー
お人好し・非現実的
感情的

4 ネコ

好奇心や創造性に満ちていて、自然の感情に従うネコタイプ。感情を素直に出せるので、喜怒哀楽がわかりやすい。この要素が適度にあると、自分の魅力をうまく表現できるので集団の中でも目立つ。

(高) ミラクルキャット
自由奔放
好奇心旺盛・衝動的

(低) ゴロニャン
おとなしい
自己抑圧的・消極的

5 モルモット

人間関係に欠かせない協調性があるのが、モルモットタイプ。人の話を素直に聞ける。自分さえ我慢すればうまくいくと判断すると、多少無理をしてでも、周囲と合わせることができる。

(高) マンモスモルモ
素直・協調性がある
遠慮がち

(低) ミニモルモ
自己主張型
融通がきかない

人はなりたいようになれる！

『なりたいようになる』とは『多少とも自分を変える』ということです。エゴグラムでいうと、先のグラフの1〜5のエネルギーの配分を変えることになります。そのためのポイントが3つあります。

1　目標をはっきりさせる

2　エゴグラムの低いところを伸ばす

3　変化を妨げるもの（抵抗）に気づく

ステップ1

今回チャレンジした現実のエゴグラムの上に、「こうなりたい」と思う理想のエゴグラムを描いてみましょう。次に、どの部分をどのように変えたいか考えます。

ステップ2

自分が困ったとき、もっともその人らしい行動を起こすのが、グラフの一番高い部分の行動パターンです。つまり自分らしさは、この心の癖が握っているわけです。だから、理想のエゴグラムに近づけるためとは言え、無理に下げようとしてもなかなかうまくいきません。むしろ低い部分を伸ばすことのほうが結果的には近道になります。

ステップ3

長年培《つちか》われてきた行動を変えようとするわけですから、抵抗はつきものです。変わりたいけど変わるのはつらいからイヤだという心の葛藤《かっとう》が生じます。変わろうとする自分を妨げるのも、実は一番高い部分の心の癖です。抵抗は起きて当たり前です。少しずつ自分のできることから根気強く変わっていくことが大切です。

では、次に低い部分を高めるための具体的な方法を紹介しましょう。

人間関係に重要な部分を高めるコツ

タロット占いのカードにも相反する2つの意味があるのと同じように、実は5つのキャラクターにも、そのキャラクターが強すぎたり弱すぎたりすると、マイナスに受け止められることが多々あります。たとえば、スーパーコアラの人は、相手のためを思って親切に面倒を見てあげていたのに、逆におせっかいと思われてしまうことがあります。

このようにそれぞれのキャラクターがほどよくあれば、人間関係がうまくいくのですが、ゆきすぎはトラブルの原因になったり、自分自身がストレスを抱え込むことにもなりかねません。要は自分の心の癖を知った上で、自分の描く理想のエゴグラムになるように意識してみることです。

ちなみに一般的に人間関係をスムーズにするタイプは、2の項目を頂点になだらかな「へ」の字型で、逆にトラブルが起こりやすいタイプは、1と5の項目を頂点に「V」字型の人と言われています。では、2、3、4、の項目を高めるコツを紹介しましょう。

コアラを高めるコツ

コアラの部分が低い人は、人の世話をしたり、人をほめることがほとんどありません。そこで、まずは、優しい言葉がけとあいさつから始めましょう。もちろん、他人へのサービスと親切心も忘れないでね。まちがっても、人の失敗を責めたりしないこと。相手の良いところを見つけ、ほめてあげましょう。

サルを高めるコツ

サルの部分が低い人は、そのときの気分や思いつきで行動しやすく、緻密さに欠けます。そこで、まずは、行動を起こす前に計画を立ててみましょう。もちろん、手帳に予定を入れたり、お小遣い帳や日記をつけたりするだけでもOK！　新聞を読んだり、ニュースを聞いたりして、自分の考えをまとめておくことも習慣づけましょう。

ネコを高めるコツ

ネコの部分が低い人は、感情をうまく表現することが苦手なようです。そこで、子どもの頃を思い出して、自由で自然に楽しめる心を育てましょう。自分の好きなこと（スポーツ・音楽・映画など）を思いっきり楽しんでね。そのとき感じたことを言葉にしてみましょう。できれば、「すごーい！」とか「おいしーい！」「ヤッター！」などの感嘆詞で表現できるとバッチリです。

＊「エゴグラムでわかる性格の特徴と行動パターン」（37〜52頁）は、鹿嶋真弓「動物エゴグラム」『「生きる力」は、きみの中にある。——自分を見つめ直し、「生きる力」を磨こう。』平成16年3月、発行／編集 更生保護法人 日本更生保護協会、協力 法務省保護局、をもとに改変したものです。

結果をみて「自分の思う通りだった」という人も、「そんなところあるかなぁ」と思った人もきっといると思います。

できれば、親しい人たち何人かでやってみて、お互いに見せ合ってみるのをおすすめします。グラフの形は人それぞれ、良し悪しはありません。あらためて他者と自分の違いにも気付くことができるようになると思います。

自分が気になることを他者は全く気にしていなかったり、同じようなグラフの形だから考え方が似ているのかな、なんてことも発見できるかもしれません。

このエゴグラムは、これから皆さんが色々な経験を重ねていくと変化する部分も出てきます。今日の日付を書いておいて、また違うタイミングでやってみてください。変化したところに自分の成長がみられるはずです。

3 自分の世界を拡げよう

● あなたが見ている世界は何色ですか?

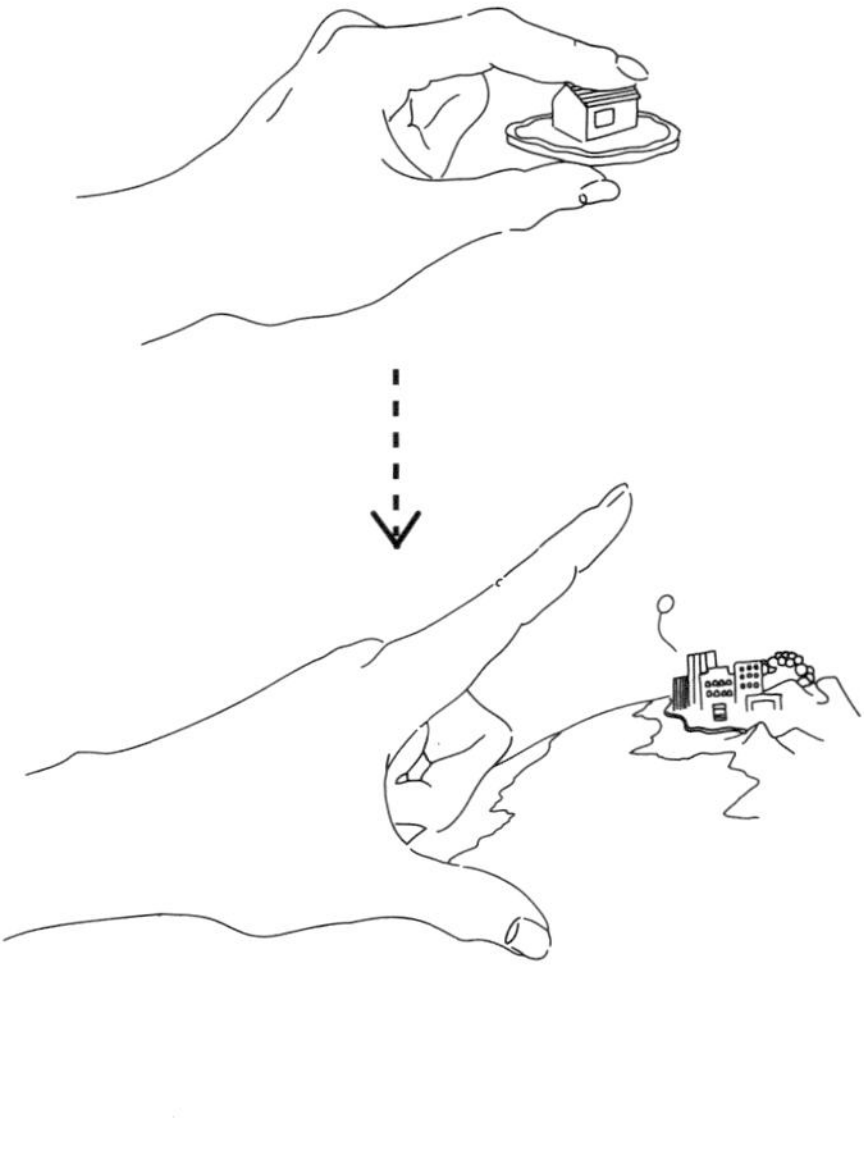

自分のかけている色眼鏡は自分が望んだ色になる

あなたは、上の絵を説明するとしたらどんな風に書きますか。
思ったままを自由に空欄に書いてみてください。

人によっては、友達を泣かせているように見えたり、また泣いている友達を慰めているように見えたり、告白したけど断られた、なんていうように見えた人もいるかもしれません。

そのように、私たちは見たものを自分の見たいように見ています。脱いだ靴を揃《そろ》えない人を見た時に、だらしのない人、と思う人もいれば、全く気にならない人もいるように、注意を払うところも違っています。

私が以前、美容師さんと話していて気付いたことがあります。その美容師さんは「休みの日に人混みに出ると、疲れちゃうのでなるべく出かけたくないんですよね」と言い、私は「そうよね、私も」と続けました。するとその美容師さんは、「歩いている人の髪型が気になっちゃって。写真を撮らせてもらいたくなって頼んだり、メモしたりしちゃうんです。だから仕事気分が抜けなくて」と言われました。

私は、全然違う意味で出かけたくないと思っていたのと、人混みで歩いてくる人の髪型を気にしながら歩いたことはなかったので、それはちょっとした驚きでした。

そのように、私たちはそもそも同じものを見ても感じ方は人それぞれであること、自分が興味や関心のないものには注意が払えないことを知らなくてはなりません。全く同じ環境にいても、満足しているのか、不満を抱えているのかは、その人のそれぞれの捉《とら》え方で変わってきます。

受験をして、残念ながら希望した学校に行けなかった人がいるとします。「あの学校に合格していたら、もっと楽しく過ごせたはずなのに」と不満を感じながら過ごすことも、今いる学校で「ここで良かった」と思って過ごすこともできるのです。それは、合格、不合格という出来事が決めたことではなく、自分自身のおかれた環境をどう捉えるかで決めていることなのです。

つまり、今の生活が幸せだと思うか、不幸だと思うかはその人の捉え方次第だということです。例えば、成績が良いから、ルックスが良いから、家がお金持ちだから、などということで、その人の幸せ度合いが決まるわけではなく、あくまでもそのことを自分がどう捉えているか、でしかないのです。

当たり前のことのようですが、案外そのことに気付いていない人も多いのではないでしょうか。

自分の可能性をせばめてしまう認知の歪み

つまり、自分の見方をほんの少し変えるだけで、全く違う世界が見えてくるということです。物事を否定的・悲観的に捉えやすい傾向は誰にでもあるもの、と前述しましたが、その物事の捉え方の癖を心理学用語で認知の歪《ゆが》みといいます。物事を見る時にはそれぞれその歪んだレンズを通して世界を見ているといわれています。

アメリカの心理学者であるデビッド・D・バーンズが提唱している、私たちが陥《おちい》りやすい代表的な歪みを紹介します。皆さんにも当てはまるものはありますか。

1. **全か無か思考**：ものごとを白か黒、○か×のどちらかで考える思考法。少しでもミスがあれば、完全な失敗と考えてしまう

2. **一般化のしすぎ**：たった1つの良くない出来事があると、世の中すべてこれだ、と考える

3. **心のフィルター**：たった1つの良くないことにこだわって、そればかりくよくよ考え、現実を見る目が暗くなってしまう。ちょうどたった1滴のインクがコップ全体の水を黒くしてしまうように

4. **マイナス化思考**：なぜか良い出来事を無視してしまうので、日々の生活がすべてマイナスのものになってしまう

5. **結論の飛躍**：根拠もないのに悲観的な結論を出してしまう

   a. 心の読みすぎ：ある人があなたに悪く反応したと早合点してしまう

b．先読みの誤り：事態は確実に悪くなる、と決めつける

6．**拡大解釈と過小評価**：自分の失敗を過大に考え、長所を過小評価する。逆に他人の成功を過大に評価し、他人の欠点を見逃す。双眼鏡のトリックとも言う

7．**感情的決めつけ**：自分の憂《ゆう》うつな感情は現実をリアルに反映している、と考える。「こう感じるんだから、それは本当のことだ」

8．**すべき思考**：何かやろうとする時に「…すべき」「…すべきでない」と考える。あたかもそうしないと罰でも受けるかのように感じ、罪の意識を持ちやすい。他人にこれを向けると、怒りや葛藤《かっとう》を感じる

9．**レッテル貼り**：極端な形の「一般化のしすぎ」である。ミスを犯した時に、ど

うミスを犯したのかを考える代わりに自分にレッテルを貼ってしまう。「自分は落伍者《らくごしゃ》だ」他人が自分の神経を逆なでした時には「あのろくでなし!」というふうに相手にレッテルを貼ってしまう。そのレッテルは感情的で偏見に満ちている

10. **個人化**:何か良くないことが起こった時、自分に責任がないような場合にも自分のせいにしてしまう

*(『いやな気分よ さようなら』デビッド・D・バーンズ著、野村総一郎、夏苅郁子、山岡功一、小池梨花、佐藤美奈子、林建郎訳、増補改訂第2版、星和書店)

それぞれの傾向が強すぎると私たちの日常は否定的な感情に捕《とら》われてしまいます。例えば、「全か無か思考」に陥ってしまうとどうなるのでしょう。100点を取らなければ0点と同じことだ、1位でなければ意味がない、と同じことになってしまいま

す。99点を取った自分を褒めることができず、2位で他者に称賛されても素直に「ありがとう」と言えなくなってしまいます。100点を白、0点を黒とするならば、その間には99点分のグレーがあることを忘れないでください。

自分のかけている眼鏡(捉え方)の癖を知り、それが世界の全てではないことや意識して眼鏡を外して眺めることを忘れないでほしいと思います。

自分をどう捉えていますか

自分についても同じことがいえます。「はじめに」で自己概念の話に触れましたが、自分について「大した取《と》り柄《え》もない平凡な自分」と捉えるのか「なんでも人並みにこなすことができる自分」と捉えるのかで、自分を取り巻く世界は変わってきます。

「○○ができない自分」と「○○ができる自分」

試しに○○に自分の不得意なことと、得意なことをそれぞれ当てはめて、自分の頭の中でイメージしてみてください。

その時、どちらの自分がしっくりときますか。

「○○ができる自分」の方がしっくりくる人もいれば、「○○ができない自分」の方がしっくりくる人もいるはずです。やはり、どちらに注意が向くかは人それぞれなのですね。

「○○ができない自分」の方がなんとなくしっくりきたり、落ち着く感じがする人は、どちらでも自分で自由に選べるのだから、「○○ができる自分」を意識的にイメージしていきましょう。意識することが難しければ、できるだけ自分の得意なことや好きなことに打ち込む時間を多く取ってみてください。

例えば勉強であれば、苦手科目より、ほんの少しでも得意科目を多く勉強することで自分の中に「できる!」「楽しい」というエネルギーが蓄積《ちくせき》されてきます。脳は快の刺激を好みますから、ずっと勉強がラクになるはずです。

自分に足りないものや、欠けている部分ばかりに気を取られていると、「どうして自分はできないんだろう」「もっとこれができたら良かったのに」というネガティブな思考に陥ってしまって、自分に自信が失くなってきてしまいます。

自信がない自分が出来上がってしまうと、沢山の選択肢を目の前にしたときに、どうしても「自分にできそうなもの」「大変そうでないもの」を選びがちになってしまいます。今までやったことがないこと、少し大変そうな選択肢の中にこそ、今まで知らなかった新しい自分を発見することができます。

とはいえ、それはなかなか容易なことではありません。自信を失くして気分が落ち込んでやる気がないときに「やる気を出せ!」と言われてもなかなか難しいのと同じです。まずは今日からできることをひとつずつ試してみませんか。

無意識にしていることを意識的に変える

自己の概念を変える、物事の捉え方を変える、と一言にいってもすぐに実践するのは難しいですね。自分の考えや行動を変化させるためには、どうしたら良いのでしょう。

例えば、私たちは、初めての場所に行く時は誰でも地図を見たり、ＧＰＳを使ったりしなければ、上手く辿りつくことはできません。しかし、何度も同じところへ行くうちに何も見なくても大体同じ時間をかけて辿りつけるようになります。これは、自分の中に目的地に辿りつくための地図のようなものができたからです。

皆さんも学校に通う時に、いちいちその角を曲がって、何番線のホームから電車に乗って……、なんて意識しなくても、気付いたら学校についているはずです。家から学校への行き方というパターン（いわゆる地図のようなもの）を頭の中に作りあげているので、そのパターンに沿ってアウトプットすることで無意識に行動できるようになっているのです。

これを脳科学や心理学の世界では、パターン認識といっています。私たちは生まれてからこれまでに多くの経験を通してこのパターンを自分の脳の中にたくさん蓄積しています。脳へのインプットがあった時に必要なものを都度それに当てはめて、アウトプットしながら無意識に行動しているのです。

たぶん皆さんは、学校に行く時にいつも同じルートを通って駅に向かい、大体同じ時間の電車で、大体同じ車両の同じドアから乗っているはずです。電車に乗らない人は、いつも同じ通学路を通って学校に通っているはずです。それは、そのパターンに沿って行動すれば、学校に行くのに遅刻しない、あるいは最短ルートで効率がよい、ということを経験しているからです。

入学してからそのパターンを確立するまでには、乗り換えの時に思った以上に時間がかかって慌てたり、いくつかの車両に乗ってみて、どの車両に乗れば改札まで近いか、とか比較的すいている車両だ、とか試してみたりしたのではないでしょうか。

そうして一度自分にとって都合の良いパターンを作りあげた後は、それに従って繰り返していくので比較的ラクで失敗が少なくなるわけです。このパターンは、一度でき上がってしまうと意識しない限り書き換えることはなかなかありません。私たちの日常的な行動は実はそのようにして決まっていきます。

この自分のもつパターンによりアウトプットされた行動が、性格・行動傾向などといわれています。前述したエゴグラムに表れている傾向もそれにあたります。そして、私たちがもつパターンには、良い行動を生むものもあれば、残念ながらそうでないものもあるはずです。

毎朝遅刻しない人は「時間を守るためのパターン」をもっているはずですし、毎朝遅刻が常習になっている人は、「遅れても構わないパターン」が少なからずあるはずです。本当は遅刻したくないのに遅刻してしまい、時間を守れない自分を責めたりしている人が、本当に遅刻をやめようと思うならば、この無意識に行われているパターンのどこかを変えてあげない限りは難しいのです。

たった5分の早起きなのか、1本早い電車に乗るのか、今までのんびり歩いていた道を小走りにいくのか。いずれにせよ、そのパターンを書き換えるのに必要なのは「遅れても構わない」→「時間を守る」というパターンを生み出す思考の変化です。ですから、自分の世界を拡げようと思う時には、このパターンを生み出している思考を少し変えてあげることが必要になってくるのです。

それは、歩きなれた道を意識的に少し変えてみるということです。歩きなれた道を歩くことは安心でラクではあるけれども、その道が自分にとって最適な道だとは限りません。いつもと違う曲がり角を曲がってみたら、新しく出来た美味しいパン屋さんを見つけることができるかもしれません。朝、香ばしい香りを嗅《か》ぎながら、時にはお昼のためにパンを選んで学校に向かったり、今までと違った新しい朝が生まれるのです。当たり前に繰り返している自分の思考のパターンを意識してみることや、思い切って変えてみることにチャレンジしてみましょう！

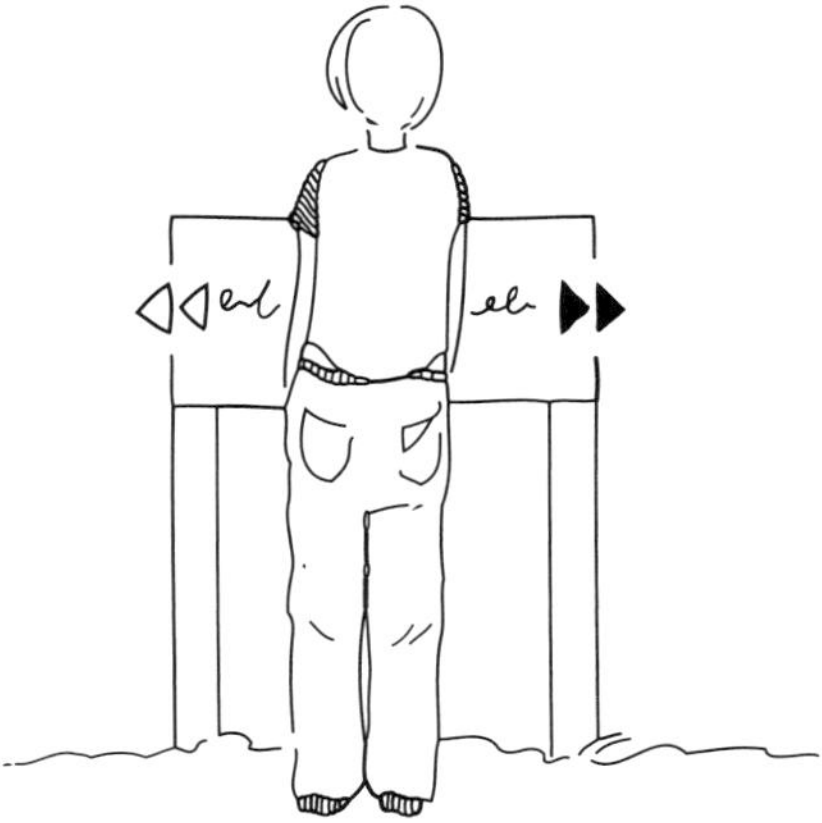

新しい自分を見つける一歩

皆さんが学校で何か失敗をして、先生から頭ごなしにこんなふうに叱られたと想像してみてください。

「お前はダメなやつだ！」

その時、皆さんの心の中の感情は、どれに近いですか。

①そんな言い方することないじゃないか！　ムカつく！　と先生に対して腹を立てる。
②やっぱり、自分ってダメなんだ、どうして失敗しちゃったんだろう、と自分を責

めて落ち込む。
③大した失敗でもないのにそんなに怒るなんて。ま、先生の虫の居所でも悪かったのかな、とあまり気にしない。

さて、あなたは何番を選びましたか。

もし周りに友人がいたら、試しに何人かに聞いてみてください。自分とは違う選択肢を選んだ人もいたのではないでしょうか。

「叱られた」という出来事はひとつだけれども、その人の出来事の捉え方、つまり思考の癖によって、その人の選択が変わっているはずです。つまり、もし3人同時に並べられて叱られていたとしたら、ひとりは腹を立てているけれど、もうひとりは落ち込んでいる、そうかと思えば、気にしていない人もいる、という具合です。

「叱られる」という出来事は基本的には自分にとっては不快な出来事です。そのように不快な出来事が起きたときに、①を選んだ人は、他人を責めてイライラしがちですし、②を選んだ人は、自分を責めて落ち込みがち、③を選んだ人は、あまり他人の言動を気にしない、というような思考の癖があるということです。ここでは大きく3つ書きましたが、この選択肢は人によって千差万別、無限にあるものです。

このように私たちは、外からの刺激(出来事)に対して、反応(感情や行動)しています。

だとすれば、前向きな感情をもったり行動をするように自分を変えたいと思った時、刺激を変えることはひとつの選択肢です。でも考えてみてください。頭ごなしに怒鳴る先生を変えることはできないし、細かいことを注意する母親に文句を言ったところできっとやめてはくれないですよね。

心理学の世界でよく使う有名な言葉に「他人と過去は変えられない」という言葉があります。厳密にいうと違う解釈もできますが、過去に起こった出来事そのもの(事実)を変えることができないのと同じくらい他人を変えることは難しい、という意味です。どんなに変わってほしいと思っても本人がその気にならなければ変えられない、皆さんがそうであるように他人もそう簡単には変われないのです。

先ほどの言葉の続きがあります。「自分と未来は変えられる」です。だとするならば、他人を変えることに使うのと同じエネルギーを自分に使うことでより良い自分や、より良い人間関係、より良い環境を生み出していけるのです。

ちょっと考えてみてください。このところ夏は尋常ではないくらいの暑さの日もあります。私は暑いのが苦手なので、本当に憂鬱《ゆううつ》です。だからといって、この暑さを何とかしよう！（気温を下げる）なんてことは、はなから思いません。それは無理だとわかっているからです。

自分にとって不快な出来事が起きた時、その相手や出来事にイライラしても夏の太陽にイライラとしているのと同じくらい無駄なことだと割り切る。どうにもならないことに腹を立てて余計なエネルギーを使ったり、落ち込んだまま時間を過ごすことは本当にもったいないと思いませんか。だとしたら、できることにエネルギーを使う。

出来事の捉え方、見方を変化させて、自分自身を前向きな状況に向けてコントロールすることです。

試しに次のワークに取り組んでみてください。

行きたい学校があり、今の成績では難しいと先生に言われてしまいました。今回は自分なりに頑張った試験だったのですが、思うように結果が出ませんでした。そんな時、母親に「このままの成績じゃ無理よ!」と強い口調で叱責《しっせき》されてしまいました。ちょっと想像しながら、①に自分だったらどんな感情になるか、書き入れてみてください。

次にどうしてそんな感情になったのか、AさんとBさんの例をみながら、自分の捉え方を②に書き入れてみましょう。

〈刺激：出来事〉
60
成績が悪くて
母親に叱られる
〈捉え方〉
〈反応：発生する感情〉
イライラしがちなＡさん
勉強したのに
分かってくれない！
あああああ
やる気なくした
お母さん、嫌い！
!!
落ち込みがちなＢさん
やっぱり私は頑張
ってもダメなんだ…
ううう
落ち込む
自分が嫌になる
② 私の捉え方は？
① 私だったら…
?
現実的で前向きになれ
る別の捉え方はない？
③
④ 感情はどうなる？

どうでしたか？

例えば、①面倒くさいな、うるさい！　となった場合、②でどんな捉え方をしたと考えられるでしょう。どうせお母さんには何もわからないくせに、あるいは、そんな言い方することないのに、というのも考えられますね。

ここからが大切です。自分の捉え方を少し変化させてみます。イライラしたり落ち込んだりしなくて済むような〝現実的で自分にとってプラスになる捉え方〟を探してみましょう。無理矢理ポジティブに考える必要はありません。自分にとって無理なく、まぁそれもそうかな、と思えるくらいの考え方にすることが大切です。

例えば、③いつか見返してやるー、と思ったら、④の感情はどう変化するでしょう。④悔しい！　私はまだやれる、こんな風にも変化させることができそうです。

イライラしたり、落ち込んだり、というネガティブな感情からはマイナスの行動が生まれがちです。やる気をなくしたAさん、自信をなくしたBさんにとって、そのままではこの出来事をプラスにすることは難しそうです。悔しいという思いも一見、ネガティブな感情ですが、この気持ちをバネにすることができたならば、自分にとってプラスに昇華《しょうか》させることができそうです。

このように相手の言動によってネガティブな感情が引き起こされた時には、つい「どうしてわかってくれないの」「○○してくれればいいのに」と相手のせいにしてしまいがちですが、自分の感情の原因を他人のせいにしていても、相手は簡単に変わってくれないことは、前述したとおりです。

こうして出来事と感情を切り離して「ちょっと待てよ」と自分の感情の源である捉え方を振り返って考えられるようになると、自分にとって不快な状況も自分でコントロールできるようになります。〝表裏一体〟といいますが、物事には、否定的な側面と同じだけ肯定的な側面があること、どの捉え方をするのも自分の選択に任されているということ、選択して起こる結果も自分次第、ということに気付いてほしいと思います。

楽しい気持ちで過ごしても、イライラしたり落ち込んで過ごしても同じ24時間です。
自分にとって大切な24時間をどう過ごすかは全て自分で決められるのです。

4　ポジティブ・アプローチでコミュニケーションがラクになる

●苦手な人を避けていませんか？

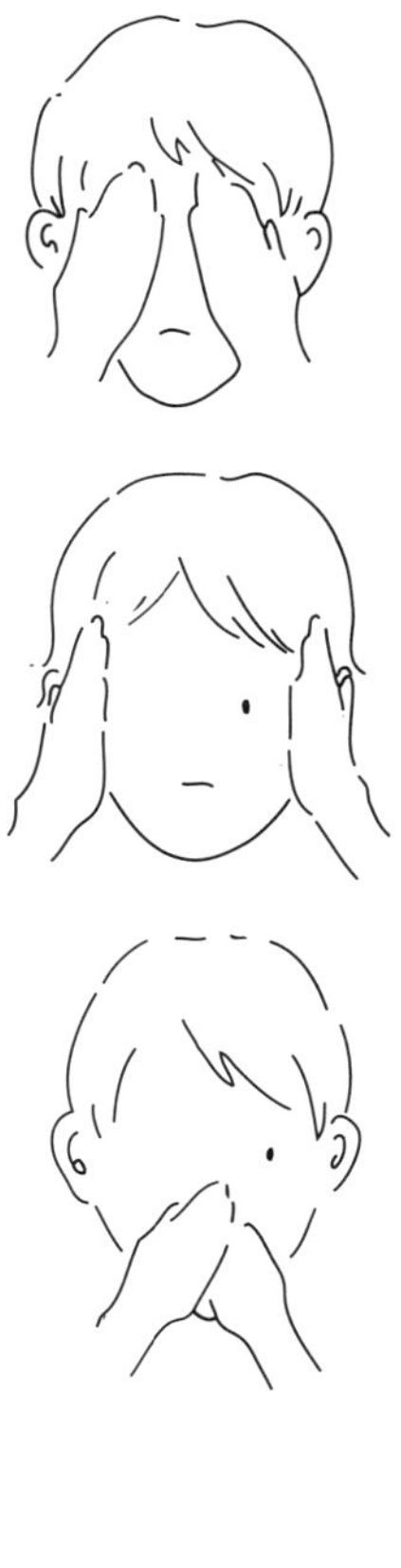

コミュニケーションは面倒くさいものですか

人間は社会的な生き物、つまりたったひとりでは生きていけない生き物であり、人と人との関わりの中で生きている生き物です。

このように書くと、中には「いや、自分はひとりでも生きていける」という人も多いかもしれませんね。

確かに、今は部屋から外に出なくてもインターネットを使い、ありとあらゆるものを手に入れることができますし、必要な情報を得ることができます。そういった意味では、「ひとりでも生きていける」と身体的にはいえるのかもしれません。

しかしながら、本来の人間は社会的な生き物ですから、そうした状態では精神的な飢餓《きが》状態が訪れます。つまり誰かとつながりたい、コミュニケーションを取りたい、という欲求です。誰にも気を遣わずひとりでいるのが一番ラクではあるけれど、孤立した状態になると不安になってしまう。これが私たちの心に相反する感情として存在します。

このバランスをとってひとり静かに心を休めてあげる時間が必要なのですが、良くも悪くも、今は24時間誰とでもつながることができる時代です。

あるテレビ番組で中高生を対象にした興味深い調査結果を目にしました。「悩み事は誰に相談しますか」という問いに対し、一番多かった回答は誰だったと思いますか。答えは、親や兄弟も含めた「家族」でした。その理由は、「気を遣わなくて本音がいえる」「本当に自分のことをわかってくれている」でした。

皆さんの年代は、SNSを始めとしたツールを駆使し、多くの友人とつながっていながらも、実は本音をいえていない、わかりあえていないと感じているのかな、と思った瞬間でした。

携帯電話が普及し始めたのは、今から約20年前のことです。この間に携帯電話は既に通話する機能を超え、携帯端末としての役割が中心となっています。電話を24時間携帯していながら、直接誰とも通話していない、そんな人が大半なのではないでしょうか。

メールやLINE、Facebookにツイッター、とコミュニケーションの媒体が増えるほど、私たちの生活は便利になっているようで、実は不自由さも生んでいるような気がしてならないのです。よく「今の若い人たちはコミュニケーション能力が低い」と言われたりしますが、本当にそうなのかな？と私は思っています。むしろ逆ではないのか、と。

自分の息子や娘をみていて思うことですが、コミュニケーションツールが溢《あふ》れる中で、こちらの都合などおかまいなしにひっきりなしにメッセージが送られてきます。そしてさらに恐ろしいことに「既読」したかしないかまでわかってしまう。送られてきたメッセージにレスポンスよく、しかも短い文章の中から相手の意図を汲みつつ、的確に、かつ相手の気分を害さない程度の感じ良い返答を求められるわけです。

ある意味、疲れないのかなぁ……、とみていて思ったりすることもあります。ちょっと考え無しに送ってしまったメッセージで意図せず相手を傷つけたり、傷つけられたりすることもあるんじゃないのかな……、などと、いらぬお節介で遠巻きに見たりしています。

私はメールが苦手です。文字だけだと微妙なニュアンスが伝わらない気もしますし、かといってビジネスメールに絵文字を入れるわけにもいきません。そのメールを読んでいる時の相手の様子も確認できませんから、どのように伝わったかも不安が残ります。

実は、この文字だけを使ったコミュニケーションは本当に難しいのです。だからこそ、この顔のみえないやり取りを日常的にこなす皆さん方は、ある意味でコミュニケーション能力が高いと言えるのではないかと思うのです。

中学生のための
学習入門シリーズ

岩波
ジュニアスタートブックス

愛称は
ジュニスタ！

自分だけの「答え」をみつけよう！

https://www.iwanami.co.jp/junista/

岩波ジュニア新書

ジェッピー流

ジュニア新書３段活用

https://www.iwanami.co.jp/
ツイッター：@IwanamiJunior

コミュニケーションって学ぶもの？

仲良しの友人Cさんとちょっとした口ゲンカをしてしまいました。少し言い過ぎたかな、と思ったあなたは勇気を出して「ごめんね」と書いた短いLINEを送りました。でもしばらくしても返事がきません。その後、何となく気まずくなっています。

前章の考え方を使って、状況を分析してみましょう(図は次頁)。

この例では、AさんもBさんも捉え方は違うのに、同じようにCさんを避けるようになってしまいました。もしCさんに何らかのトラブル(例えば親に携帯を取り上げられていたり……)があって、LINEに既読がついてはいるけれども中身を読めていなかったり、返信が送れないような状況だったとしたら。

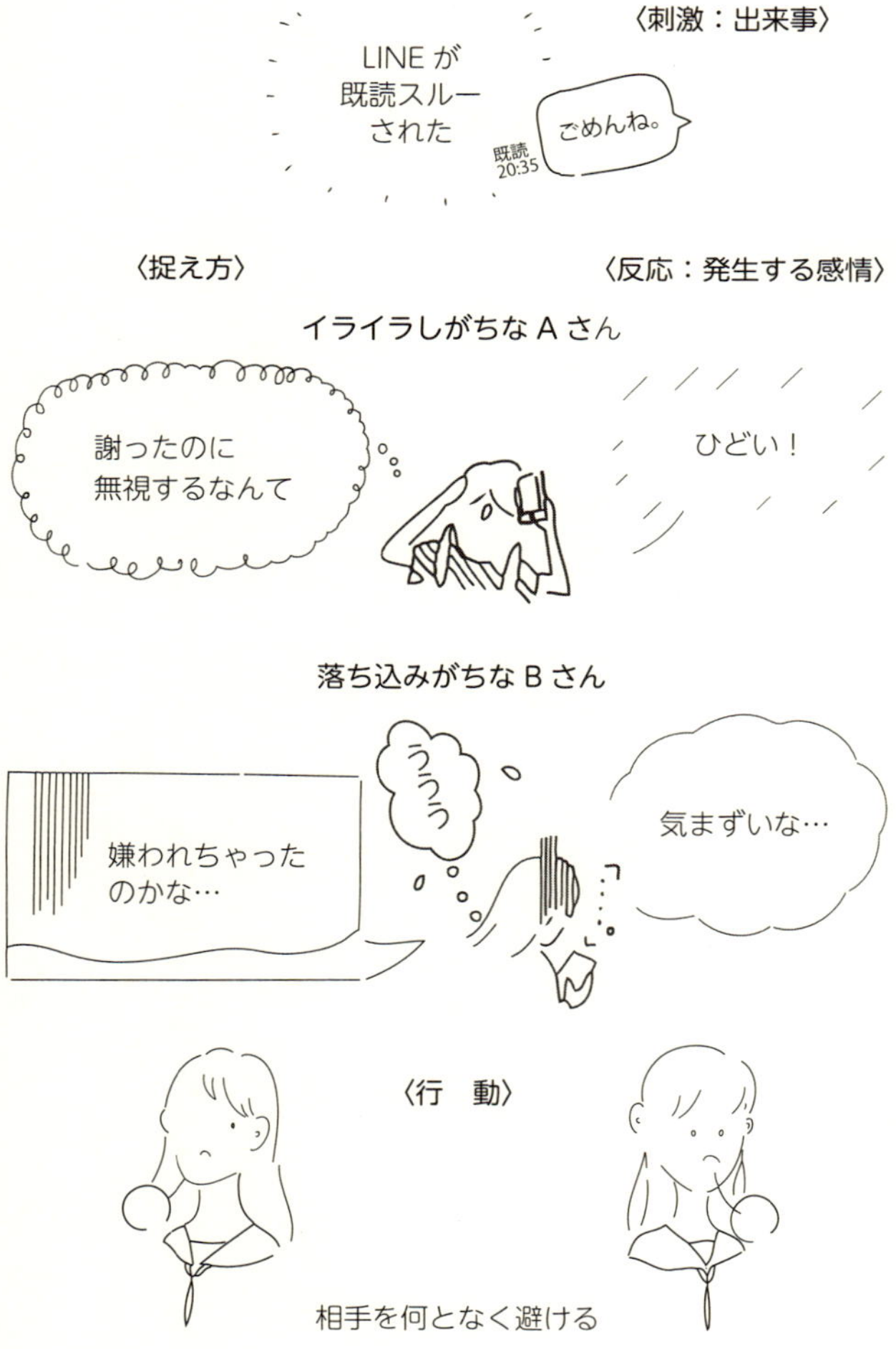
〈刺激：出来事〉
LINEが
既読スルー
された
既読
20:35
ごめんね。
〈捉え方〉
〈反応：発生する感情〉
イライラしがちなAさん
謝ったのに
無視するなんて
ひどい！
落ち込みがちなBさん
嫌われちゃった
のかな…
ううう
気まずいな…
〈行　動〉
相手を何となく避ける

コミュニケーションには、食い違いがつきものです。Cさんには、この図の吹き出しのようなAさんの気持ちもBさんの気持ちもわからないのです。ただ、「避けられている」という事実だけが伝わるのです。このブラックボックスを相手に積極的に伝えようとすること、相手のブラックボックスをできるだけわかろうとする行為がコミュニケーションの役割です。それは何も「どうして私を避けるの」ときくことだけではありません。相手がどうしてそのような行動を取っているのかを想像したり、察したりすることでもあります。コミュニケーションには、相手への配慮や思いやりが必要なのです。

ここまでで人それぞれ物事の捉え方には違いがあるということや、同じ出来事に遭《そう》遇《ぐう》してもその反応としての気持ちや行動には違いがある、ということを繰り返しお伝えしてきました。私たちは生まれてから人とのコミュニケーションを通じて育ち、学んできましたが、あらためてその方法を学ぶことはしていません。物心がついた時から、当たり前のように言葉や様々な道具を通じてコミュニケーションを取っていますが、その方法が良いか悪いかは、実のところわからないのです。

多くの人がこれまでの経験を通じて、「こんな風に言ったら嫌われるんだな。次は気をつけよう」とか「大きな声で挨拶したら褒められた。これからも続けよう」……こんな風にして、自分にとってより良いコミュニケーションの取り方を学んでいるはずです。

コミュニケーションにおける社会人と学生の大きな違いは、その目的にあると思います。

就職するとたいていの場合、入社式が終わった後に新人研修を受けることになります。その中で伝えられることは、社会人としていかに円滑《えんかつ》なコミュニケーションが重要であるか、という内容が中心になります。

学生時代には、そのコミュニケーションの中心となるのは、同年代の友人関係です。同じクラスには大勢のクラスメイトがいますが、そのうちの気が合う人と友人関係を築き、グループを形成しているはずです。気が合う、ということは、物事の捉え方が似ている、ということでもあり、ブラックボックスの中身も想像しやすいといえるでしょう。

ところが、社会人になるとそうはいきません。周りは先輩、あるいは親と同じくらい、もしくはそれ以上年の離れた上司、取引先やお客さま……、などなど、好き嫌い、気が合う合わないにかかわらず、多くの人たちとコミュニケーションを取りながら仕事を進めることが必要になってきます。楽しいコミュニケーションだけでなく、短い時間で信頼関係を築き、情報を間違いなく伝達し合うコミュニケーションも求められるようになるのです。

これまで当たり前のように行ってきたことですが、新人研修などであらためて学んだ新社会人の人たちからこんな感想が漏れてきます。「コミュニケーションって頭を使うのですね」「電話で話すことがこんなに難しいと思いませんでした」。

皆さんがこれから先、豊かな人生を送る上で欠かすことのできない、人との関わりを通じて豊かな人間関係を育んでもらえるように、そのエッセンスを少しだけ紹介したいと思います。これから先、ふと思い出して、色々なシーンで試してもらえたら嬉しいです。

コミュニケーションの3つのチャンネル

私たちは、対人コミュニケーションにおいて、自分の思いを伝えるためのチャンネルを大きくは3つ持っているといわれています。

1つ目は「言葉」のチャンネルです。私たちは、動物の中で唯一言語をもっていますから、言葉を通じて思いを伝えたり、受け取ったりすることが可能です。

そして2つ目が「身体」のチャンネルです。これは目から入ってくる情報です。その人の身だしなみによって「きちんとした人」「だらしない人」などと判断したり、机に座った姿勢や態度をみてやる気がある、ないと感じる、といったこともこれにあたります。また表情も大きなコミュニケーションツールです。相手の表情をみて、嬉しいのか、悲しいのか、悔しいのか察することができます。私は表情に関する研究をしていますので、表情が与えるコミュニケーションへの影響についてはことさら気になるところです。

最後が「声」のチャンネルです。これは、耳から入ってくる情報です。声の大きさや力強さ、トーンの高低などです。どんなに良いスピーチでも小さな声でぼそぼそと話しては、自信がないように映ります。また、ちょっと元気がない時は、声のトーンも低くなりがちです。電話に出た瞬間の「もしもし」で「何かあったの」と心配されたりすることもありますよね。

このうち「言葉」を使ったコミュニケーションを言語コミュニケーション(Verbal Communication)といい、「身体」「声」を使ったコミュニケーションは、言語以外で行うコミュニケーションという意味で非言語コミュニケーション(Non-Verbal Communication)といわれています。

このように相手が目の前にいて行う対人コミュニケーションでは、意識してもしなくてもこの3つのチャンネルを使って、相手の思いを受け取ったり、自分の思いを伝えたりしています。「コミュニケーションというと、「言葉」を介して行うもの、という印象があるかと思いますが、実はそれだけではないのです。この3つのチャンネルが相互に補完し合いながら、的確に相手に意図を伝えています。

例えば、ファミレスでうっかりテーブルにお水をこぼした店員さんが、「大変申し訳ございません」と言葉では謝っているにもかかわらず、語尾も強く、お辞儀もせずにふてくされた表情を浮かべていたらどうでしょう。謝罪の気持ちが伝わるとは到底思えません。

このように言っていること(言語)と伝え方(非言語)にギャップがあると、この人本当のことを言っているのかな？ と相手に対して懐疑的《かいぎてき》になります。

そして、言葉は意識的に操れますが、非言語は思いのほか本音が出やすいので、意識しないと「私は悪くないのに。あなたが手を出してきたからこぼれたのよ。面倒くさい」というような思いが、非言語によって相手に伝わってしまうのです。

逆に、言葉は「すいません……」でも、深々とお辞儀し、本当に申し訳なさそうな表情を浮かべていたら、それでも充分に謝罪の気持ちは伝わるものです。わかりやすく少し大げさに書きましたが、私たちはつい言葉に頼るあまり、それをどう伝えるかに注意を払えていないことも多いのです。

そのようにコミュニケーションにおいては、意識しても無意識でも、言葉だけでは伝えられない思いを3つのチャンネルで補完し合っています。このチャンネルが少なくなればなるほど、当然のことながら、的確に思いをやり取りすることは難しくなってきます。

「身体」のチャンネルが減ったコミュニケーションといえば、何を思い浮かべますか。そう、「電話」です。表情や身振り手振りが伝わりませんから、「言葉」と「声」のチャンネルを駆使する必要が出てきます。最近では、スカイプなど、「身体」のチャンネルを補うツールも出てきました。

そして「身体」と「声」のチャンネルが減り、言葉だけのコミュニケーション、といえば、皆さんの年代ですぐに思いつくのは、日常的に使っているメールやLINE

などのSNSだと思います。ですから、この便利なツールはコミュニケーションを取る上で最も難易度が高いことを理解してください。

目の前にいる友達に「ごめんね」とひと言で済むことも、SNSだと付け加えなければ伝わらないことも多そうです。絵文字やスタンプのないSNSを想像してみてください。これは、かなり使いづらそうです。絵文字やスタンプはただ可愛いだけではなく、言葉だけでは伝わらない微妙なニュアンスを伝えるために実は非常に重要な役割を果たしているのです。

非言語のコミュニケーションの重要性を知ってもらえたでしょうか。

自分の思いと表情は一致していますか。相手の話をきく時につまらなそうな態度をしていませんか。あらためて振り返ってみましょう。

コミュニケーションはキャッチボールによくたとえられます。上手くキャッチボールを続けるために気を付けることは何でしょうか。それは、ひと言でいうなら相手が取りやすい球を投げることです。剛速球を投げつけたり、相手に届かないような弱々しい球を投げたり、手を伸ばしても届かないような方向に投げたりしても相手にはキャッチしてもらえません。

相手に合わせて、きちんと相手が受け取れるように球を投げることが大切なのです。

「聴く」ことの大切さ

「聞く」と「聴く」を書き分けていますか。私が「聴く」という話について触れる時、よく訊《たず》ねますが、書き分けている人はごく少数です。辞書（広辞苑第六版：岩波書店）で調べてみると、

広く一般には「聞」を使い、注意深く耳を傾ける場合に「聴」を使う。

と書いてあります。では、「Hear」と「Listen」はどうですか。中学生になれば、その意味の違いを学んでいることと思います。「聞く」と「聴く」は、「Hear」と「Listen」のように意味合いが違っていることに気付きます。

体調が悪い時、友達に心配をかけたくなくて、本当は大丈夫じゃないのに、つい「大丈夫」と強がってしまう、こんな経験はありませんか。きっと非言語からは、大丈夫ではない様子が相手に伝わっているはずです。

このように言葉にはできていないけれども、非言語で伝えていること、気付いてほしいことを伝えていることもありますよね。そのように私たちは、自分の思っていることを全て言葉にしているわけではありません。言いたくないこと、言いにくいこと、言葉にならないこと、色々な思いを胸に秘めています。そうした微妙なニュアンスを受け取ることを「空気を読む」というのかもしれません。

実際には空気を読むことはできませんが、この「空気を読む」という行為そのものが、前述した非言語である相手の表情や声色などから本当に伝えたいことを察する、ということになるのだと思います。そして、相手が求めている答えを返したり、話す内容や伝え方を変えたりすることが瞬時に的確に行える人が「空気を読める人」ということになるのでしょう。

「コミュニケーション上手は聴き上手」ともいわれます。相手の言葉の意味合いだけを捉えるのではなく、相手の思いや本当に伝えたいことを受け止めるように「聴く」ことが大切です。

そのために自分の耳だけでなく、目で相手の非言語を捉えていくことが重要です。もし自分が一生懸命話しているのに、相手が手元のスマホから目も離さなかったらどんな気持ちになりますか。「本当に聴いてくれてるの？」という気持ちになりますよね。

ですから、話を聴く時には、相手に「聴いていますよ」というサインを送ってあげることが大事です。それがアイコンタクトの役割です。アイコンタクトがなければ、相手の話はBGMと同じです。相手の話に耳と一緒に目と心を傾けましょう。

「アイコンタクトするぞ！」などと考えなくても、もっと簡単な方法があります。それは相手に「興味関心をもつ」ことです。好きな人の言動は当然のことながら気になります。話している時に目も合わせないで聴くなんていうことは考えられません。

それと同じように、残念ながら快く思っていない相手のことも実は気になったりするものです。その人の一挙手一投足が気になって、イライラしたりすることはありませんか。反対に関心のない人の言動は全く気にならないものです。

私たちは、そのように自分の興味対象の範囲しか捉えることはできません。大勢の人がいて騒がしい中でも特定の人の話だけに注意を払って聴くことができるのも、そのような脳の仕組みによるものです。身の回りに溢れるありとあらゆる情報を全て捉えることをしていたら、たちまち脳はパンクしてしまいます。ですから、「興味関心」のある対象に絞って脳にきちんと届くようになっているのです。

まずは目の前の相手に「興味関心をもつ」こと。コミュニケーションの一歩はまずそこからではないでしょうか。

私たちは自分の話を聴いてくれる人の話しか聴くことはできません。一生懸命話したのに何だか上の空だったり、はなから結論を決めつけて最後まで聴いてくれないような人の話を、自分は一生懸命聴くことができるでしょうか。それは難しそうです。

自分のことを理解しようとして聴いてくれた時、「話して良かった」と思えることで、相手を信用することができるようになります。「聴く」ことは、実は相手との信頼関係をつくる上でとても重要なことなのです。

クラス替えや新しい環境で、新たな人間関係を構築しなければいけない時、自分のことをわかってもらおうと一生懸命に話す前に、まず相手の話をしっかりと聴いてみてください。「聴く」ことで、相手のこともよくわかりますし、自分の話も聴いてもらえるようになるはずです。

ポジティブ・コミュニケーションの相互作用

今でも印象に残っている出来事があります。私が小学校の低学年の頃のことですが、その頃、仲良しの友達同士でそれぞれのお家にお邪魔し、誕生日会をしてプレゼント交換をするのが流行っていました。その中でひとりだけ誕生日会を開かない友達がいたので、こっそり誕生日会を計画して、今でいうサプライズパーティーを開いたのです。

その時の友達が本当に嬉しそうで、満面の笑顔で何度も「ありがとう！　嬉しい！」と言って喜んでくれた様子が今でも目に焼き付いています。それまでの私はどちらかというと引っ込み思案で、人前で感情を表現するのが苦手でした。その出来事を通じて、嬉しいことを表して相手に伝えると相手も嬉しい、ということを学んだの

FOR

です。

顧《かえり》みると、自分の気持ちを素直に人に伝える、ということを意識した最初の出来事だったように思います。

私は、研修講師を始めてから、アンケートや手紙という形で言葉のプレゼントをもらうことが多くなりました。何気なく書かれたひと言に、私自身も仕事へのやりがいや活力をもらっています。

たったひと言が相手を勇気づけ、励ますこともあるのです。

このように相手を元気づけるポジティブな言葉や、やさしく笑いかける、頭をなでる、などの行為は肯定的《こうていてき》ストロークといわれています。

肯定的ストロークは心のビタミンともいわれ、心の中がその肯定的ストロークで満たされていると、とても幸せな気持ちでいることができます。

ポジティブな言葉や行為を使ったコミュニケーションで、相手も自分も元気になりましょう。

5　未来の私たちが生きる世界

●私たちが生きる社会はこれからどう変わるのか？

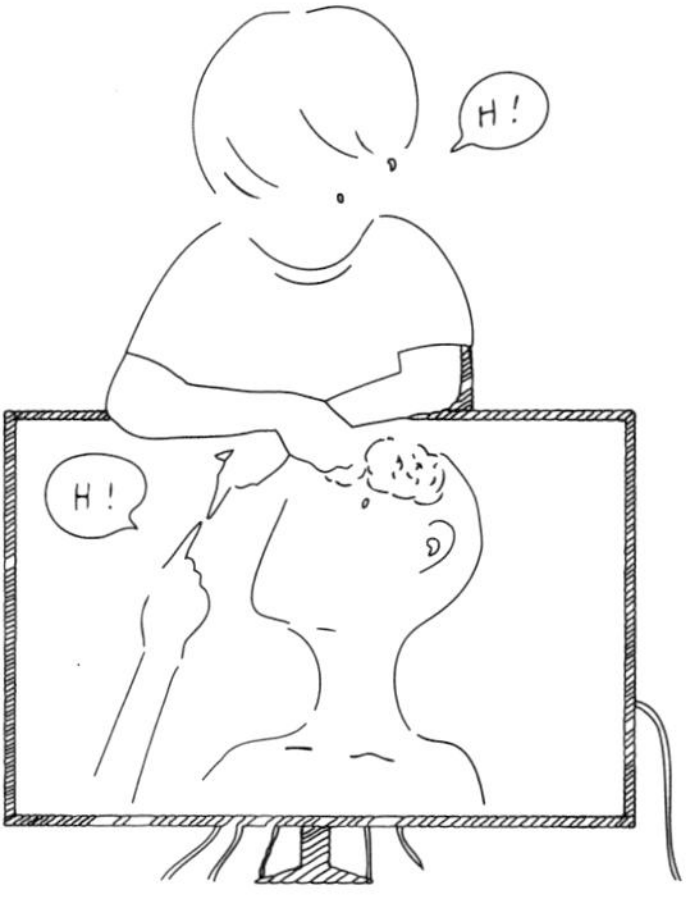

人工知能ってなんだろう?

現代は、変化が激しい時代といわれています。私たちは未来を描く上で、これから先の社会の変化を頭の中に入れておかなければいけないでしょう。

なぜなら、10年後、20年後には、今自分が就《つ》きたいと思っている職業が存在していない可能性があるからです。またその逆も大いにあり得るでしょう。新しい職業がうまれ、人気となっていることも考えられます。何かやってみたい、と思ったとき「そんなことできっこない」と決めつけることは早計です。

テクノロジーの進化は私たちの想像を超えたスピードで進み、不可能を可能にし続けています。約20年前に普及したインターネットが私たちの生活や仕事を大きく変えたように、人工知能技術の進化によって、新たな社会への変化もはじまっています。

この章では、その変化を、私が今取り組んでいる研究の紹介も含めて、研究者としての目線で考えてみたいと思います。

私は、自動車メーカーを退職した後、専業主婦を経て、2006年に東京工業大学で研究者としての一歩を踏み出し、それ以来、機械学習を用いた感性工学をベースに人の表情の研究に携わっています。

機械学習とは、図に示したように人間の脳の神経回路を模《も》したコンピュータの学習方法です。ですので、一般には、この機械学習のことを人工知能(Artificial Intelligence：AI)と呼んでいます。

人間の脳は、膨大な数のニューロンと呼ばれる神経細胞が集まって構成されています。ニューロン同士は互いに連結され、巨大なネットワークをつくっています。人工知能の多くはニューラルネットワークといわれる技術によるもので、そのほとんどが、私たちの脳の構造と同じように多くの層からできています。

入力と出力の間に多数の層を挿入し、隣り合う層のニューロン間を結ぶバネ(脳で

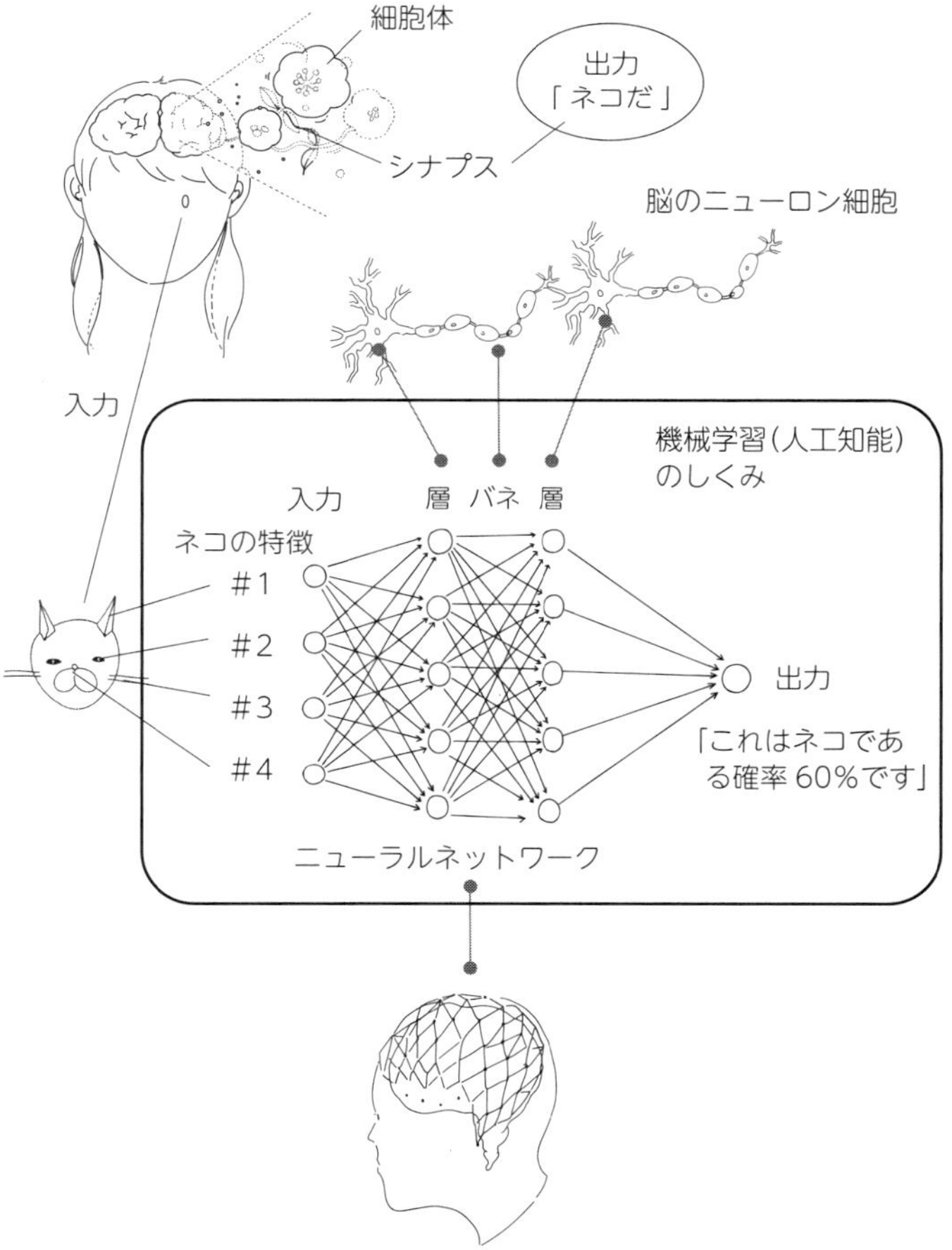
細胞体
出力
「ネコだ」
シナプス
脳のニューロン細胞
入力
機械学習(人工知能)
のしくみ
入力
層
バネ
層
ネコの特徴
#1
#2
#3
#4
出力
「これはネコである確率60%です」
ニューラルネットワーク

はシナプスにあたる働きをしています）の結合の強さを計算し、新しいデータが入力された時の判断結果をコンピュータが予測するのです。

図の例でいうと、目の前に物体が現れた時に、あらかじめコンピュータが教えられた特徴に従って、その物体を「猫である確率が60％です」というように答えを予測するものです。

コンピュータに猫の顔を認識させるには、耳が頭頂部についていて、目が2つあって、ひげがあり……、といった特徴を数値でひとつひとつ入力して（教えてあげて）学習させなくてはなりません。1章で、人の顔を知るために鏡が必要、というたとえを書きましたが、まさに人が視覚で顔を認知するための学習メカニズムと同じなのです。

私たち人も色々な学習をして間違いが少なくなっていくように、最初はコンピュータも100％正確ではないのです。なので、この予測率をできるだけ100％に近づけて、コンピュータが間違った判断をしないようにシステムを修正していきます。

このように、コンピュータの判断と実際の答えとの差が最小になるように、答えから順にシステムを修正していく計算方法を誤差逆伝播法《ごさぎゃくでんぱほう》ニューラルネットワーク(Backpropagation Neural Network：BNN)といい、人工知能の中心技術となっています。

このBNNは、途中の層が多いほど予測率はよくなるのですが、層数を増やすと計算が収束しなくなる(答えが得られない)という問題が生じます。かといって、途中の層数が少ないと予測の精度が悪いため、研究者は大変な苦労をすることになりました。また、猫の顔を正しくコンピュータに認識させるためには、耳の立った猫とそうでない猫、あるいは目のまるい猫もいれば細い目の猫もいるので、その特徴を的確にコンピュータに学習させる必要があり、この特徴点設計という段階でも大変な労力がかかります。

そのような背景から、長らく人工知能は冬の時代といわれていて、研究の現場の我々もそれをひしひしと感じていました。

それが2012年、カナダのジェフリー・ヒントンらのグループによる新たな機械学習の手法である、ディープ・ラーニング(Deep Learning：深層学習――層が多く深いためにこう呼ばれています)がブレークスルーとなり、にわかに人工知能ブームが到来しました。

これまでは、層が多くなると、大会社においてトップの伝達が容易には末端まで届かないのと同じように、容易に収束しないとされていたBNNですが、ヒントンらの手法ではそれが可能となりました。しかも特徴を数値で入力しなくても画像そのものからコンピュータがその特徴を学習する、と報じられたため、それは世界に相当なインパクトをもたらしました。

これが、人工知能の第3次ブームといわれる背景です。わが国でも産業技術総合研究所や理化学研究所にAIセンターなどが設けられ、トヨタ、日産、ホンダなども自動運転への適用を急ぐため、国内外の研究機関と連携した、などのニュースが連日のように報じられています。

この手法で皆さんに馴染《なじ》みが深いのは、Facebook上の顔画像認識によるタグ付け、などでしょうか。これまでにアップロードされた顔の特徴を捉えて、「○○さんです」とコンピュータが判断しているのです。

そのようにコンピュータがその特徴(例えばそれが人なのか、猫なのか、など)を自動で抽出《ちゅうしゅつ》するためには、コンピュータに学習させるための何万枚という膨大な画像の入力が必要になります。優れたヒントンらの手法でも、現実には、そのようなビッグデータを集めるのに苦労したり、どのようなデータを集めるべきかわからなかったりすることも多いのが実際です。結果の予測率は高いものの、何故コンピュータがそのように判断したのか、その途中経過が明らかになっていないことなどの課題もあります。

そのように、研究の現場ではまだ課題もありますが、緻密《ちみつ》で膨大なデータを元に、間違いのないように判断を行うのは、人工知能の得意とするところです。プロ棋士と人工知能との囲碁や将棋の対決も、最近では人工知能が優勢になりつつあります。これも膨大な対局データを学習でき、かつ疲れを知らない人工知能の強みが最大限に発揮された事例といえるでしょう。

また、最近話題になった恐ろしい外来虫を水際で撲滅《ぼくめつ》すべく人が探し回っているのをテレビで見ましたが、これなどもロボットで探し回る方が危険もなく効率的ですね。

このように人の苦手なところを人工知能の機能を有するロボットなどに託すことができれば、私たちの社会はより安全で快適なものに変化しそうです。

人工知能が介護を変える

私は今、明治大学の先端数理科学インスティテュート(Meiji Institute for Advanced Study of Mathematical Sciences：MIMS)という研究センターの研究員です。MIMSは、社会とのかかわりを重視した数理科学の発展・普及を図ることを目的に、社会と自然にかかわる現象の数理的解析を課題とする国際的研究拠点です。そのためMIMSは、日本国内はもちろん、世界中から著名な数理科学者が毎年多数来られて研究大会が開催されるなど、まさに数理科学のメッカとなっています。

2016年には、文部科学省の研究ブランディング事業にMIMSを中心とした「Math Everywhere：数理科学する明治大学――モデリングによる現象の解明」が採択され、現在5つのテーマで研究が進められています。

そのうちのひとつである「快適介護空間学」とは、超高齢社会の介護に関する課題解決にアプローチするものです。具体的には、介護空間にいる介護者および被介護者の表情や仕草、生体情報をキャッチして、快適にかかわる要素、例えば光の強さと方向、湿度、香りの種類と強弱、音の質と大小、温度、風の強度と向きなどを自動的に最良なものに設定し、介護者と被介護者双方にとって快適な空間を、人工知能を用いてつくりだすシステムの構築を目指すものです。

さらに、離れた場所にいても、まるでその空間にいるかのように様々な調整を行うことができれば、介護の質の向上と負担軽減も期待できます。環境は、私たちの心理状態に影響を与える大きな要素ですから、個々の生体情報や好みなどから、部屋のレイアウト、壁紙の模様などの最適な空間設計を個々の利用者に教示できれば、介護そのものを快適なものに近づけていけるのではないかと考えています。

日本の社会は超高齢化へ急速なスピードで進んでいます。2035年には、全世帯主に占める65歳以上世帯主の割合は31・2%→40・8%に増加し、また65歳以上世帯主に占める75歳以上世帯主の割合も45・1%→58・1%と高齢世帯化が加速すると予測されています(国立社会保障・人口問題研究所：2013年)。

皆さんが働き手の中心となる頃には、人口の4割を高齢者が占めることになります。現在も高齢の親の介護により、仕事を続けることが困難になっている方が多くいます。このまま社会の高齢化が進むことにより、介護が必要な方に対して介護する人の数が足りなくなることだけでなく、様々な面から負担が増加することも考えられます。介護が日常のものとなることが予想される今、介護者と被介護者の両面から介護を快適なものとすることは、極めて重要な社会的課題です。

個人的には、その頃高齢者となる私たちシニア世代(50代〜)は、できるだけ健康でいて、社会に何かしら貢献できるように自己管理していくことも、もう一方の課題であると感じています。

人工知能が感性を理解できるか

前述した非言語のうち、言葉以外に多くのことを伝えるツールとして表情のもつ役割は大きいですね。言葉は理解できなくても、表情は万国共通です。感情を表現する言葉は世界に400種類くらいあるとされていますが、感情と表情に関する先駆的な研究を行ったアメリカの心理学者ポール・エクマンによりますと、「幸福」、「悲しみ」、「驚き」、「恐怖」、「怒り」、「嫌悪」を表す6つの基本表情は、古今東西変わらないということです。

そこで、その基本表情を利用して相手の表情から相手の感情を予測するなどの、人工知能による表情認識の研究が行われるようになりました。

顔の表情認識では、真顔から変化した顔のパーツの動きを入力として、口角《こうかく》が上がって目尻《めじり》が下がった時の感情は「幸福」ですよ、あるいは眉間《みけん》に皺《しわ》が寄っていて口角が下がっていると「怒り」の感情ですよ、と出力として学習させるのです。

泣いている時に悲しくて泣いているのか、嬉しくて泣いているのかを表情から読み取るのは、私たち人でも難しいことです。怒っているのに笑っているように見える人や、笑っていても楽しいとは限らないなど、表情はとても複雑な感情を表していますので、こうした感性の問題を人工知能が扱うのは難しいといわれています。

しかし、今、我々の研究チームで進めている、感情表現の強力なツールである表情を入力とするディープ・ラーニングが実現できれば、様々なものへの応用が考えられます。黙っていても疲れている様子などを表情から読み取って「疲れた？ 大丈夫？」と声をかけてくれるような、より人に近いコミュニケーションが行えるロボットが家族の一員になるかもしれません。

また表情認識は、自動車の自動運転の強力な武器にもなるでしょう。

ひと口に自動運転といっても、自動車が運転を制御し、ドライバーの操作を必要としない完全自動運転や、高速道路などの限られた条件下でのみ自動運転が可能となるものなど、そのレベルは様々です。

自動運転は、事故を防止したりドライバーの負担を減らすだけでなく、ドライバーが不調に陥った時にも力を発揮しそうです。例えば、運転中に予期せぬ不調で突如《とつじょ》、気を失うなど、操作ができないような状況に陥った時、表情から状態を読み取って、自動運転に切り替えることができれば、重大な事故の発生を防ぐことができます。また高齢社会では、高齢ドライバーのサポートツールとしても期待できます。

皆さんが自動車を運転するようになる2025年頃には、完全自動運転が実現しているかもしれませんし、疲れた表情を察知して、「これ以上運転すると危険」と自動車が自動で運転を手動から自動に切り替えることができたならば、運転の楽しみと安全も両立できそうです。

テクノロジーの進化で仕事の仕方も変わる

私がかつて勤めていた自動車メーカーでも、勤務していた15年あまりの間に、開発プロセスの変化を肌で感じました。自動車の開発は、30年ほど前には、デザイナーのアイディアスケッチを基にクレイ(粘土)モデルが造られ、それを基に試作車が造られるというもので、400種類くらいの実験をしてようやく市場に出されていました。1990年代には、その実験の多くは解析シミュレーションに置き換えられることになり、開発期間は大幅に短縮されました。特にそれまでの衝突実験では、1台1億円ほどする試作車が、実験後にはくしゃくしゃになってしまうため、何度も実験をするのは現実的ではありませんでした。しかし、コンピュータ上で衝突シミュレーションを何度も行えるようになったことで、より安全な自動車開発も行えるようになったのです。

またその間、仕事の仕方も大きく変わりました。私の入社当時は、まだ手書きの文章をワープロソフトで清書する、ということもあったように記憶しています。PC(Personal Computer)の普及とともに、1人1台机の上にPCが置かれるようになりました。当時は、今のように無線のネットワークはなく、PCで扱えるのもテキスト情報だけでした。アメリカで開発されたマッキントッシュ(Macintosh)が発売され、PC上で画像や動画、音声を扱えるのが大きな話題になったほどです。今やスマホで動画や音楽を楽しむことが当たり前の皆さんからは、想像もできないのではないでしょうか。

その後、普及し始めたインターネットの技術を使って、全社のシステムをつなぐプラットフォームが導入されました。各自のPCから、社内の決裁や出張費の精算などが全て行われ、事務処理の大幅な効率化とスピードアップが図られるようになりました。「庶務」という事務手続きをサポートする業務も、このシステムの導入とともになくなり、役職のある人も含めて誰もが「自分のことは自分でやる」ように仕事の意識も変化しました。現在では、在宅ワークも含めた多様な勤務環境も整備されているそうです。

私は現在、研究員として働くのと並行して、株式会社abilight(アビライト)という会社を起業して代表を務めています。起業のモチベーションは、私自身が専業主婦時代に再就職を模索しながら、パート、派遣社員、在宅ワークなど様々な仕事を経験している時に感じた問題意識がベースになっています。

当時、周りには私と同じように子育てを優先するために会社を辞めたママがたくさんいました。管理職や専門職などを経験し、スキルもやる気もあるのに、子どものお迎えに間に合う場所にある職場、子どもの都合に合わせて休める仕事という条件を優先すると、どうしてもやりたい仕事と違う仕事を選ばざるを得ない状況が自分を含めてありました。

今から2年前、友人の退職をきっかけに、私が専業主婦だった15年前とそうした状況は現在も大して変わっていないことに気付きました。そこで、子育てや介護など様々な制約があっても自分のもつスキルを活かしてやりがいをもって働けるプラットフォームを提供したいと思ったのです。

abilightでは、固定した出勤時間や場所を設けていません。案件ごとに必要なスキルをもったメンバーが集まり、プロジェクト形式で仕事を進めていきます。遠隔地の人とは、スカイプを使って会議を行い、スケジュール調整やプロセス管理などもITツールを駆使してワークシェアを行っています。実際の会議では、お客さまの理解を得てメンバーの保育園のお迎えに間に合うよう15時までに終了をお願いすることもあります。

このようにITテクノロジーの進化と、社会の理解を得て、働き方の選択肢はますます拡がっていると感じています。まだまだ課題もありますが、自分たちが新しい働き方にチャレンジし、社会にひとつのモデルを示すことができれば、さらに未来の働き方の選択肢が拡がるのでは、と頑張っています。

未来の働き方はどう変わる

少子高齢化は大きな社会問題でもありますが、その一方で人工知能をはじめとするテクノロジーの進化によって、労働力不足や介護の問題が解決することが期待できます。将来、介護や子育て、家事などの負担は、新しいサービスや機械化により大幅に軽減していくように思います。

それに伴い、働き方も変化するでしょう。すでにこの20年で新卒就職、終身雇用は随分薄れてきているように思いますが、10年後には、会社に出勤してフルタイムを拘束されるような働き方だけでなく、働く時間も場所も自由に選択できるようになりそうです。そして、画一的な仕事は人工知能などの機械に代替され、皆さんの仕事は、人にしかできない仕事に特化していきそうです(135~138頁参照)。

そうなるとひとりひとりが何かしらの専門性をもち、仕事の成果を報酬に結び付けていくことも求められるでしょう。職業選択は「どこに勤めるか」ではなく、「何をしたいか、できるか」に変化するのではないでしょうか。

働き方だけでなく社会全体も大きく変化していくでしょう。皆さんは、ダイバーシティ(多様化)という言葉を耳にしたことがありますか。これからは、異なる文化や価値観を認め合うことが大切になってきます。国籍、年齢、性別、障がい、LGBT(lesbian, gay, bisexual and transgender:性的志向や性同一性)など、自分と異なるものを当たり前に受け入れる意識を個人がもち、それぞれの生き方で輝ける、開かれた社会になっていくのではないかと期待しています(参考:厚生労働省「働き方の未来2035――一人ひとりが輝くために」懇談会資料)。

皆さんが未来の社会で働くために必要なスキルは何でしょうか。

先日、ある大学のキャリアデザインの授業で講義する機会をいただきました。皆さん、大変熱心に聴講してくださり、質問もたくさん挙がりました。その中で「将来のために今のうちにやっておくとよいことを教えてください」とありましたので、「学生のうちに色々なアルバイトを経験してみてください。自分が苦手と思うものにもチャレンジしてみると、本当に自分に合った仕事をみつけるためのものさしができるのでは」と話しました。

若いうちから様々な職業体験を積んでいくことも、きっと皆さんの未来を描く上での力になっていくと思います。

全世界がネットワークでつながれている今、仕事はますますグローバル化するでしょう。異なる文化をもつ外国人と仕事をするために、最低限の語学力は必要となりそうです。私は英語が得意ではなく、今も苦労していますので、自分の子どもたちにも英語だけは真面目に勉強するようにいっています。また、読み書き計算と同じように、社会を生きるための基礎スキルとしてITスキルも必須となってくるでしょう。

しかしそれ以上に必要不可欠となるのは、自分と異なる考えや様々な背景をもつ人たちを信頼し、協力関係を築けるコミュニケーション力であると私は思っています。

人生を豊かにしてくれる友人や家族、周りの人たちを大切にしてください。きっと困ったときに力になってくれるはずです。

未来を担う皆さんには、自分自身の可能性を信じ、未来に期待し、その未来を創っていくという前向きなモチベーションをもってほしいと心から願っています。

人工知能やロボット等による代替可能性が高い100種の職業

ＩＣ生産オペレーター
一般事務員
鋳物工
医療事務員
受付係
ＡＶ・通信機器組立・修理工
駅務員
ＮＣ研削盤工
ＮＣ旋盤工
会計監査係員
加工紙製造工
貸付係事務員
学校事務員
カメラ組立工
機械木工
寄宿舎・寮・マンション管理人
ＣＡＤオペレーター
給食調理人
教育・研修事務員
行政事務員(国)
行政事務員(県市町村)
銀行窓口係
金属加工・金属製品検査工
金属研磨工
金属材料製造検査工
金属熱処理工
金属プレス工
クリーニング取次店員
計器組立工
警備員
経理事務員
検収・検品係員
検針員
建設作業員
ゴム製品成形工(タイヤ成形を除く)
こん包工
サッシ工
産業廃棄物収集運搬作業員
紙器製造工
自動車組立工
自動車塗装工
出荷・発送係員
じんかい収集作業員
人事係事務員
新聞配達員
診療情報管理士
水産ねり製品製造工
スーパー店員

生産現場事務員
製パン工
製粉工
製本作業員
清涼飲料ルートセールス員
石油精製オペレーター
セメント生産オペレーター
繊維製品検査工
倉庫作業員
惣菜製造工
測量士
宝くじ販売人
タクシー運転者
宅配便配達員
鍛造工
駐車場管理人
通関士
通信販売受付事務員
積卸作業員
データ入力係
電気通信技術者
電算写植オペレーター
電子計算機保守員（IT保守員）
電子部品製造工
電車運転士
道路パトロール隊員
日用品修理ショップ店員
バイク便配達員
発電員
非破壊検査員
ビル施設管理技術者
ビル清掃員
物品購買事務員
プラスチック製品成形工
プロセス製版オペレーター
ボイラーオペレーター
貿易事務員
包装作業員
保管・管理係員
保険事務員
ホテル客室係
マシニングセンター・オペレーター
ミシン縫製工
めっき工
めん類製造工
郵便外務員
郵便事務員
有料道路料金収受員
レジ係
列車清掃員
レンタカー営業所員
路線バス運転者

＊50音順、並びは代替可能性確率とは無関係
＊職業名は、労働政策研究・研修機構「職務構造に関する研究」に対応
＊出典：株式会社野村総合研究所

人工知能やロボット等による代替可能性が低い100種の職業

アートディレクター
アウトドアインストラクター
アナウンサー
アロマセラピスト
犬訓練士
医療ソーシャルワーカー
インテリアコーディネーター
インテリアデザイナー
映画カメラマン
映画監督
エコノミスト
音楽教室講師
学芸員
学校カウンセラー
観光バスガイド
教育カウンセラー
クラシック演奏家
グラフィックデザイナー
ケアマネージャー
経営コンサルタント
芸能マネージャー
ゲームクリエーター
外科医
言語聴覚士
工業デザイナー
広告ディレクター
国際協力専門家
コピーライター
作業療法士
作詞家
作曲家
雑誌編集者
産業カウンセラー
産婦人科医
歯科医師
児童厚生員
シナリオライター
社会学研究者
社会教育主事
社会福祉施設介護職員
社会福祉施設指導員
獣医師
柔道整復師
ジュエリーデザイナー
小学校教員
商業カメラマン
小児科医
商品開発部員

助産師
心理学研究者
人類学者
スタイリスト
スポーツインストラクター
スポーツライター
声楽家
精神科医
ソムリエ
大学・短期大学教員
中学校教員
中小企業診断士
ツアーコンダクター
ディスクジョッキー
ディスプレイデザイナー
デスク
テレビカメラマン
テレビタレント
図書編集者
内科医
日本語教師
ネイル・アーティスト
バーテンダー
俳優
はり師・きゅう師
美容師
評論家
ファッションデザイナー
フードコーディネーター
舞台演出家
舞台美術家
フラワーデザイナー
フリーライター
プロデューサー
ペンション経営者
保育士
放送記者
放送ディレクター
報道カメラマン
法務教官
マーケティング・リサーチャー
マンガ家
ミュージシャン
メイクアップアーティスト
盲・ろう・養護学校教員
幼稚園教員
理学療法士
料理研究家
旅行会社カウンター係
レコードプロデューサー
レストラン支配人
録音エンジニア

＊50音順、並びは代替可能性確率とは無関係
＊職業名は、労働政策研究・研修機構「職務構造に関する研究」に対応
＊出典：株式会社野村総合研究所

6 今、ここからの私

●ポジティブ・アプローチで未来を描こう

自分の将来を想像すること

ここまでで、自分にはどんな性格傾向があって、何が得意か、など色々な角度から自分について知ってきました。そして私たちの未来は、私たちが思うより遥《はる》かに速いスピードで変化していることもわかりました。最後の章は、未来の自分にフォーカスしていきましょう。

皆さんには将来の夢や目標がありますか。「将来はあんな風になりたいな」と憧《あこが》れの人がいる人は幸せですね。しかし、まだ将来に対して漠然《ばくぜん》としている人も多いのではないでしょうか。

キャリアデザインの研修の中で、「自分の人生を生きることをイメージにしてみてください」と、尋ねることがあります。

「大河をゆらゆらとゆったりした気分で流されている」と感じている人や、「荒波の中を必死に泳いでいる自分がみえる」と感じている人、「暗闇のトンネルの中を手探りで進んでいて怖い。でも先には光が見える感じ」という人など、人生を生きるイメージは人によって様々です。私の場合は見晴らしのよい山道をちょっと息切れしながら登っているイメージでしょうか。

では、皆さんにとって、人生を生きる、とはどんなイメージでしょう。

そのイメージには、どんなゴールが見えますか。

大河の先には海が、荒波を越えたら島が、トンネルを抜けたら光があります。例えば、登山だとするならば、頂上がない登山って、考えただけでもしんどそうで、登る気にさえならないですよね。ゴールがあるから、あと少しで5合目だとか、頂上から見える壮大な景色に期待して何とか頑張れるものなのではないでしょうか。

人生も同じです。ゴール、すなわち人生を生きる上での目標や「なりたい自分」が描けていることは、日々を生きる上で大切なモチベーションになります。どの山に登るのか、高尾山なのか富士山なのか、はたまたエベレストなのか。それは人それぞれでしょう。そのゴールを目指す道程では、高尾山を登る人がエベレストに登る人と同じ装備をもつことは重荷になりそうですし、その逆であれば、エベレストで遭難してしまいます。自分のゴールが描けていると、自分にとって必要なものややるべきことが見えてきます。そしてそれぞれに違うゴールを目指す私たちを比べることは、高尾山とエベレストを登っている人を比べるのが意味のないことであるのと同じくらい意味のないことだと気付けるのではないでしょうか。

将来の自分を想像してみましょう。目の前には無限の選択肢があります。どれを選ぶかは全て自分で決められるのです。

自分の決めた通りの自分になれるのはどうしてなのか

サッカーの本田圭佑選手が小学生の時に書いた作文の話をきいたことがあるでしょうか。

「将来の夢」　本田圭佑

ぼくは大人になったら、世界一のサッカー選手になりたいと言うよりなる。
世界一になるには、世界一練習しないとダメだ。
だから、今、ぼくはガンバッている。

今はヘタだけれどガンバッて必ず世界一になる。

そして、世界一になったら、大金持ちになって親孝行する。

Wカップで有名になって、ぼくは外国から呼ばれてヨーロッパのセリエAに入団します。

そしてレギュラーになって10番で活躍します。

一年間の給料は40億円はほしいです。

プーマとけいやくしてスパイクやジャンバーを作り、世界中の人が、このぼくが作ったスパイクやジャンバーを買って行ってくれることを夢みている。

一方、世界中のみんなが注目し、世界中で一番さわぐ4年に一度のWカップに出場します。

セリエAで活躍しているぼくは、日本に帰りミーティングをし10番をもらってチームの看板です。

ブラジルと決勝戦をし2対1でブラジルを破りたいです。

この得点も兄と力を合わせ、世界の強ゴウをうまくかわし、いいパスをだし合って得点を入れることが、ぼくの夢です。

©HONDA ESTILO

メジャーリーグで活躍しているイチロー選手も同じように「夢」という作文で、自分の未来像を詳細に描いています。

彼らが夢を実現できたのは、彼らが特別な人間だったからなのでしょうか。いいえ、人体の構成要素でいえば、私たちと何も変わらない人間なのです。なんていうとちょっと大げさですね(笑)。

彼ら2人に共通していえることとは、明確に自分の進むべき道を描き、そこに向かって一心に突き進んできたということなのではないかと思います。それも頭の中でボンヤリと想像するのではなく、はっきりと進むべきプロセスを具体的に描き、文字にすることで目から情報を脳に送って、自分はこうなるんだ！と伝えています。もしかしたら、それを先生やみんなの前で読み上げて、耳からも自分に伝えていたかもしれません。その時、「そんなことできっこないだろ」なんて、周りの友達に笑われていたりしたのだとしたら、その悔しさも、ここまでの道筋において大事なバネになっているかもしれません。

脳科学の世界では、私たちが普段意識して使っている能力は全体の2〜3％だけだといわれています。つまり、使い切れていない能力を97〜98％ももっているということです。自分が思う以上の能力を実はもっていることになります。自分の将来を描くことは、まずその可能性、すなわち自分を信じることから始まるのではないでしょうか。

本田選手やイチロー選手がなぜ小学生の時に描いた「なりたい自分」になれたのかといえば、そのイメージを常に自分の中に持ち続け、そこへ向かう道の途中でそうなるために必要な努力をし、そこに近づくための行動を習慣にしてきたからだと思います。

当然、「なりたい自分」への道程が困難であればあるほど、それ相応の努力が必要になってきます。その意味で、彼らは他の人には真似のできないような努力を決して途中で諦めることなく積み重ねてきたのでしょう。

「なりたい自分」を明確に描き、そこに向かって必要な努力を習慣として身に付けていくことができれば、誰でも「なりたい自分」になることができます。

「なりたい自分」に近づくための勇気をもとう

さて、ここまでで自分の目指す方向が何となくでもみえてきたでしょうか。ここでも「なりたい自分」への道程を登山にたとえ、次は、その山の頂に立つことを考えてみましょう。「登る」と決めてはみたものの、下から見上げたら頂はまるでみえなくて、何だかつかれそうだし、途中でクマが出てきたらどうしよう……、なんて登る前から尻込みしていてはいけません。あるいは、前に登った人の「いやぁ、道が険しくて途中で雪も降ってきてさ、最後には食べるものもなくなっちゃったから、途中で引き返してきたよ～」なんていう話を鵜呑《うの》みにして、登る前から諦めてしまうのももったいないです。

今、どのような自分がどのような環境にいても、それは自分の未来を決めることとは、何も関係のないことです。「それは無理だ」、「そんなことできっこない」と自分で自分の限界を決めてしまうのは本当にもったいないことです。

私の数学コンプレックスは前述したとおりです。それ以外にもいろいろコンプレックスはありますが、この数学コンプレックスが自分の進路を決める時には大きな障害になりました。

その時の私には、苦手な数学と向き合う勇気がありませんでしたから、文理の選択では、迷わず文系です。高校2年からは、あれほど苦しめられた数学の授業から解放され、相当嬉しかったのを思い出します。ただ大学受験では、試験科目に数学のない学部を探さなくてはいけなかったので、かなり選択肢が限られました。

そんな風に選んでいるわけですから、当然受験へのモチベーションも上がらず、結果は散々なものとなり、これがまた私にとってのコンプレックスとなりました。きっとその時に将来に就きたい職業や「なりたい自分」があったのなら、こんな自分でもそれに向かって少しは努力できたのではないのかな……、と今さらですが思っています。

後に、大学で心理学を学ぶことになりましたが、心理学は科学であり、目には見えない人の心の現象を明らかにするためにあらゆる統計手法を用いる学問でもあるため、嫌でも数学と格闘しなくてはならなくなりました。卒業したい一心で、とにかく頑張りました。その時に「解ける」という快感を覚えたのと同時に「私だってやればできる！」という自信が生まれました。「数学＝苦手＝私にはできない」の公式がリセットされたような気がしました。

この歳になってあらためて思うことですが、何か苦手なことや嫌なことがあって、一時的には避けられたとしても、結局は何かの形で巡ってくるような気がします。苦手なことや苦手な人との関わりを避けて通ろうとすると、その分多くの選択肢を失うことになってしまいます。

チャレンジすることはその時はしんどいけれど、しんどい分自分のチカラや自信になって戻ってきます。苦手なことにもチャレンジする勇気を持ってみませんか。

Toward the dream

将来の自分像を肯定的に描いてみよう

脳科学によれば、私たちが普段意識して使っている能力は全体の2〜3%だけだといいました。脳は私たちを司るコンピュータのような働きをしています。私たちが当たり前のようにとっている行動も全ては脳へのインプットによって、行動というアウトプットがなされているからです。

例えば、過去にみんなの前でスピーチをした時に、あがってしまって上手く話せずに笑われてしまった、という経験があり、次も失敗するんじゃないか、と必要以上に感じてしまうと、「人前で上手く話せないあがり症の自分」という自己概念を脳の中に無意識に作ってしまいます。そうすると次のスピーチでも「人前で上手く話せないあがり症の自分」に合うような行動をアウトプットするようになってしまいます。これはちょっと怖いですね。

そうだとしたら、「なりたい自分」をできるだけ具体的に自分自身にインプットして教えてあげましょう。「自分はこんな自分になる！」「自分はできる」と。きっとその描いた自分のイメージに合うように行動が変わっていくはずです。

では、1つずつ質問に答えながら、自分の「なりたい自分」をインプットしていきましょう。

① 1年後の自分はどんな自分になっていますか？

② 5年後の自分はどんな自分になっていますか？

③ 10年後の自分はどんな自分になっていますか？

④ 10年後の自分にメッセージを送るとしたらどんな言葉ですか？

書きながら何となく10年後の自分の姿がみえてきましたか？　何となくワクワクする感じがしたら、きっとそれは今の自分が心から求めているものだといえます。

もっと詳しく自分の進みたい道を描けるように、章末に未来年表をつけました。これからやりたいことや行きたい場所など、自由に書き込んで未来への道筋を自分に教えてあげてください。人生の中で道に迷いそうになった時、「なりたい自分」が道標になります。自分の望む自分になるために迷わず進みましょう！

もちろんこれから先、色々なことがあって「なりたい自分」が変わってしまったとしても、それは「なりたい自分」をもっと見つけたことになります。いつか自分が心の底からワクワクするような感情が沸き上がり、人から何をいわれても、どんな困難があっても「これだ！」と思える自分の未来像が見つかるまでは、自由に書き換えていいと私は思っています。

しかし、忘れてはいけないことが一つあります。

HOW would you express yourself
LIFE

私たちは限られた人生を生きています。しかも、誰も自分の残りの人生の長さを知ることはできないのです。この当たり前のような毎日の繰り返しが永遠に続くのではないということです。

実は、私がこんな当たり前の現実に気付かされたのは、とても可愛がっていた大事な弟を10年前に突然亡くした時でした。病院で泣き叫ぶ母の姿を見ながら、呆然《ぼうぜん》と、ドラマみたいだな、でも現実なんだ、と混乱していた自分を思い出します。

今でも思い出すと胸が締め付けられるような思いですが、それまで何となく無難《ぶなん》に生きてきた自分に本当に多くのことを気付かせてくれた出来事でした。

「毎日が続くことは当たり前じゃなくて、奇跡のようなことで感謝すべきことなんだよ」と、そんな当たり前のことにも気付かずに生きてきた自分に、弟が気付かせてくれました。自分自身の人生に限りがあることを意識した時、本当に自分がやりたいこと、向かいたい道、「なりたい自分」が見えてきました。

なりたい自分に向かって今日一日を精一杯生きよう。やりたいことは何でもやろう。

今日一日を無事に過ごせたことに感謝して眠りにつこう。こんな風に私の生き方が変わりました。今日一日は残りの人生のうちの大切な一日です。皆さんには、なりたい自分に近づくための毎日を生きてほしいと思います。

今ここで思う、自分の向かいたい行き先を決めて進んでいきましょう。ゴールの見えない道を歩き続けるのは息切れしてしまいそうですから。

年　　月　　日作成

10年後の理想の自分

10年後の自分へのメッセージ

自分に力をくれるもの

自分の得意なこと・好きなこと

大切な人・場所

未来年表

年	年齢	やってみたいこと・行きたい場所・会いたい人など
現在		
10年後		

おわりに

夢は叶うものなのですね。

いつか自分で本を書いてみたい……と、いつの頃からか漠然と思っていました。その夢を叶えるチャンスとなるこの本を書く機会をいただいた時は、本当に嬉しかったことを昨日のように思い出します。

しかし、そこからが想像以上に大変でした。私は今、経営者と研究者という仕事をもち、そして二児の母という家庭人としての役割もあり、目まぐるしく時間と格闘しています。たくさんの仕事に囲まれて「やらなくてはいけないこと」を優先していると「やりたいこと」をする時間がなく、どうしても原稿を書くことが後回しになってしまい、ジレンマを抱えながら日々が流れていきました。昨年の今頃は「もう無理かもしれない」と諦めかけたほどです。書き始めた頃に高校生だった息子は、一浪を経て今は大学生になってしまいました。

書き上げた今、ちょっとだけ頑張った自分を褒《ほ》めたい気分です。この本はポジティブ・アプローチが主旨ですから、書き上げるのに時間がかかり過ぎたことには目をつむり、とにかく自力で書き上げた根性だけは認めてあげたいと思います。

この本を最後まで読んでくださった皆さん、本当にありがとうございました。この本を読んでこれまで気付かなかった新しい自分を発見して、そして自分のことを何か少しでも労ったり、褒めてあげたりできていたら嬉しいです。

私たちはともに人生を生きる冒険者です。誰も自分の人生の先や、その長さを知ることはできません。この本が、そんな不安定な人生という道を進むための道標になれば、それ以上に嬉しいことはありません。

道標があれば、道に迷った時も目的地まで辿りつくことができます。迷っても、遠回りしても、立ち止まってもいいのです。予期せぬ人生につきものの、ちょっとだけツラい、しんどい、と思うような出来事を「自分なら何とかできるさ」というくらいの気持ちで受け止めつつ、一緒に歩き続けていきましょう。

最後になりましたが、研究指導者である明治大学先端数理科学インスティテュート副所長の萩原一郎先生には、私の夢を叶える一歩となるこの本を書くきっかけをいただきました。本の完成を楽しみにしていてくださったことも私の原動力となりました。心より感謝申し上げます。かつて研究室で机を並べていた空閑美帆さんには、ステキなイラストでこの本に彩りを添えていただきました。おかげで文字だけでは伝わらない想いも伝えることができました。ありがとうございました。書き始めてからは、休みの日は執筆に時間を費やすことが大半でした。家事ができない妻をサポートし、励まし続けてくれた夫、読者の皆さんと同じ年代である息子と娘は、読者目線で厳しく

（時に厳しすぎるほどに…笑）原稿チェックをしてくれました。ありがとう。

岩波書店ジュニア新書編集部の山本慎一編集長には、「若い方たちに前向きに人生を楽しんでほしい」という熱い想いを共有しながら、本として形にすることに尽力していただきました。遅筆を気長に見守ってくださり、あらためて深謝申し上げます。

ここには書き尽くせないたくさんの方々に支えられてこの本が完成しました。ご縁があり、この本を手に取ってくださった皆さんに深い感謝とともに、本に込めた想いを届けることができれば幸いです。

2017年7月

安部博枝

安部博枝

株式会社 abilight 代表取締役，明治大学先端数理科学インスティテュート研究員，キャリアコンサルタント．大手自動車メーカー総合研究所，本社に勤務し，退職後，専業主婦に．東京工業大学研究員を経て，現在明治大学で機械学習を用いた感性工学・自動運転研究に従事．学術理論の社会活用と女性の多様なキャリア形成を支援するため 2015 年に起業し，心身ともに健康で前向きに生きるためのキャリア教育の普及に力を注いでいる．これまでに官公庁，企業で 2 万人以上の社会人教育に携わる．一男一女の母．

自分のことがわかる本
——ポジティブ・アプローチで描く未来　岩波ジュニア新書 860

2017 年 9 月 20 日　第 1 刷発行
2025 年 6 月 5 日　第 3 刷発行

著　者　安部博枝《あべひろえ》

発行者　坂本政謙

発行所　株式会社 岩波書店
〒101-8002 東京都千代田区一ツ橋 2-5-5
案内 03-5210-4000　営業部 03-5210-4111
ジュニア新書編集部 03-5210-4065
https://www.iwanami.co.jp/

印刷・理想社　カバー・精興社　製本・中永製本

© Hiroe Abe 2017
ISBN 978-4-00-500860-5　Printed in Japan

岩波ジュニア新書の発足に際して

きみたち若い世代は人生の出発点に立っています。きみたちの未来は大きな可能性に満ち、陽春の日のようにひかり輝いています。勉学に体力づくりに、明るくはつらつとした日々を送っていることでしょう。

しかしながら、現代の社会は、また、さまざまな矛盾をはらんでいます。営々として築かれた人類の歴史のなかで、幾千億の先達《せんだつ》たちの英知と努力によって、未知が究明され、人類の進歩がもたらされ、大きく文化として蓄積されてきました。にもかかわらず現代は、核戦争による人類絶滅の危機、貧富の差をはじめとするさまざまな人間的不平等、社会と科学の発展が一方においてもたらした環境の破壊、エネルギーや食糧問題の不安等々、来るべき二十一世紀を前にして、解決を迫られているたくさんの大きな課題がひしめいています。現実の世界はきわめて厳しく、人類の平和と発展のためには、きみたちの新しい英知と真摯《しんし》な努力が切実に必要とされています。

きみたちの前途には、こうした人類の明日の運命が託されています。ですから、たとえば現在の学校で生じているささいな「学力」の差、あるいは家庭環境などによる条件の違いにとらわれて、自分の将来を見限ったりはしないでほしいと思います。個々人の能力とか才能は、いつどこで開花するか計り知れないものがありますし、努力と鍛練の積み重ねの上にこそ切り開かれるものですから、簡単に可能性を放棄したり、容易に「現実」と妥協したりすることのないようにと願っています。

わたしたちは、これから人生を歩むきみたちが、生きることのほんとうの意味を問い、大きく明日をひらくことを心から期待して、ここに新たに岩波ジュニア新書を創刊します。現実に立ち向かうために必要とする知性、豊かな感性と想像力を、きみたちが自らのなかに育てるのに役立ててもらえるよう、すぐれた執筆者による適切な話題を、豊富な写真や挿絵とともに書き下ろしで提供します。若い世代の良き話し相手として、このシリーズを注目してください。わたしたちもまた、きみたちの明日に刮目《かつもく》しています。（一九七九年六月）

936
ゲッチョ先生と行く 沖縄自然探検
盛口 満
沖縄島、与那国島、石垣島、西表島、宮古島を中心に、様々な生き物や島の文化を、著名な博物学者がご案内！ 〔図版多数〕

937
食べものから学ぶ世界史
―人も自然も壊さない経済とは？
平賀 緑
食べものから「資本主義」を解き明かす！ 産業革命、戦争…。食べものを「商品」に変えた経済の歴史を紹介。

938
国語をめぐる冒険
渡部泰明・平野多恵・出口智之・田中洋美・仲島ひとみ
世界へ一歩踏み出せば、新しい出会いと成長への機会が待っています。国語を使ってどう生きるか、冒険をモチーフに語ります。

940
俳句のきた道 芭蕉・蕪村・一茶
藤田真一
古典を知れば、俳句がますますおもしろくなる！ 個性ゆたかな三俳人の、名句と人生、俳句の心をたっぷり味わえる一冊。

941
ＡＩの時代を生きる
―未来をデザインする創造力と共感力
美馬のゆり
人とＡＩの未来はどうあるべきか。「創造力と共感力」をキーワードに、よりよい未来のつくり方を語ります。

942
親を頼らないで生きるヒント
―家族のことで悩んでいるあなたへ
コイケ ジュンコ
ＮＰＯ法人ブリッジフォースマイル協力
虐待やヤングケアラー…、子どもはどのようにＳＯＳを出せばよいのか。社会的養護のもとで育った当事者たちの声を紹介。

943 数理の窓から世界を読みとく
―素数・AI・生物・宇宙をつなぐ
初田哲男
柴藤亮介 編著

数学を使いさまざまな事象を理論的に解明する方法、数理。若手研究者たちが数理を共通言語に、瑞々しい感性で研究を語る。

944 自分を変えたい
―殻を破るためのヒント
宮武久佳

いつも同じメンバーと同じ話題。親に勧められた大学に進学し、楽勝科目で単位を稼ぐ。ずっとこのままでいいのかなあ?

945 ヨーロッパ史入門
原形から近代への胎動
池上俊一

古代ギリシャ・ローマから、文化的統合体としてのヨーロッパの成立、ルネサンスや宗教改革を経て、一七世紀末までを俯瞰。

946 ヨーロッパ史入門
市民革命から現代へ
池上俊一

近代国家の成立や新しい思想の誕生、二度の大戦、アメリカや中国の台頭。「古い大陸」ヨーロッパがたどった近現代を考察。

947 〈読む〉という冒険
イギリス児童文学の森へ
佐藤和哉

アリス、プーさん、ナルニア……名作たちは、本当は何を語っている?「冒険」する読みかた、体験してみませんか。

948 私たちのサステイナビリティ
―まもり、つくり、次世代につなげる
工藤尚悟

「サステイナビリティ」とは何かを、気鋭の研究者が、若い世代に向けて、具体例を交えわかりやすく解説する。

949 進化の謎をとく発生学 ―恐竜も鳥エンハンサーを使っていたか　田村宏治

進化しているのは形ではなく形作り。キーワードは、「エンハンサー」です。進化発生学をもとに、進化の謎に迫ります。

950 漢字ハカセ、研究者になる　笹原宏之

著名な「漢字博士」の著者が、当て字、国字、異体字など様々な漢字にまつわるエピソードを交えて語った、漢字研究者への成長記。

951 作家たちの17歳　千葉俊二

太宰も、賢治も、芥川も、漱石も、まだ「文豪」じゃなかった――十代のころ、彼らは何に悩み、何を決意していたのか？

952 ひらめき！ 英語迷言教室 ―ジョークのオチを考えよう　右田邦雄

ユーモアあふれる英語迷言やひねりのきいたジョークのオチを考えよう！ 笑いながら英語力がアップする英語トレーニング。

953 大絶滅は、また起きるのか？　高橋瑞樹

生物たちの大絶滅が進行中？ 過去五度あった大絶滅とは？ 絶滅とはどういうことでなぜ問題なのか、様々な生物を例に解説。

954 いま、この惑星で起きていること 気象予報士の眼に映る世界　森さやか

世界各地で観測される異常気象を気象予報士の立場で解説し、今後を考察する。雑誌『世界』で大好評の連載をまとめた一冊。

955 世界の神話 躍動する女神たち 沖田瑞穂
強い、怖い、ただでは起きない、変わってる⁉ 世界の神話や昔話から、おしとやかなイメージをくつがえす女神たちを紹介！

956 16テーマで知る 鎌倉武士の生活 西田友広
鎌倉武士はどのような人々だったのでしょうか？ 食生活や服装、住居、武芸、恋愛など様々な視点からその姿を描きます。

957 〝正しい〟を疑え！ 真山 仁
不安と不信が蔓延する社会において、自分を信じて自分らしく生きるためには何が必要なのか？ 人気作家による特別書下ろし。

958 津田梅子―女子教育を拓く 髙橋裕子
日本の女子教育の道を拓き、シスターフッドを体現した津田梅子の足跡を、最新の研究成果・豊富な資料をもとに解説する。

959 学び合い、発信する技術―アカデミックスキルの基礎 林 直亨
アカデミックスキルはすべての知的活動の基盤。対話、プレゼン、ライティング、リーディングの基礎をやさしく解説します。

960 読解力をきたえる英語名文30 行方昭夫
英語力の基本は「読む力」。先生と生徒の対話形式で、新聞コラムや小説など、とっておきの例文30題の読解と和訳に挑戦！

961
森鷗外、自分を探す
出口智之

文豪で偉い軍医の天才？　激動の時代の感覚に立って作品や資料を読み解けば、自分探しに悩む鷗外の姿が見えてくる。

962
巨大おけを絶やすな！
日本の食文化を未来へつなぐ
竹内早希子

しょうゆ、みそ、酒を仕込む、巨大な木おけ。途絶えかけた大おけづくりをつなぎ、その輪を全国に広げた奇跡の奮闘記！

963
10代が考えるウクライナ戦争
岩波ジュニア新書編集部編

この戦争を若い世代はどう受け止めているのでしょうか。高校生達の率直な声を聞き、平和について共に考える一冊です。

964
ネット情報におぼれない学び方
梅澤貴典

新しい時代の学びに即した情報の探し方や使い方、更にはアウトプットの方法を図書館司書の立場からアドバイスします。

965
10代の悩みに効くマンガ、あります！
トミヤマ ユキコ

悩み多き10代を多種多様なマンガを通してお助けします。萎縮したこころとからだがふわっと軽くなること間違いなしの一冊。

966
新種発見物語
―足元から深海まで11人の研究者が行く！
島野智之 編著
脇　司

虫、魚、貝、鳥、植物、菌など未知の生物の探究にワクワクしながら、分類学の基礎も楽しく身につく、濃厚な入門書。

967
核のごみをどうするか
—もう一つの原発問題
今田高俊
寿楽浩太
中澤高師

原子力発電によって生じる「高レベル放射性廃棄物」をどのように処分すればよいのか。問題解決への道を探る。

968
扉をひらく哲学
—人生の鍵は古典のなかにある
中島隆博・梶原三恵子
納富信留・吉水千鶴子 編著

親との関係、勉強する意味、本当の自分とは?……人生の疑問に、古今東西の書物をひもといて、11人の古典研究者が答えます。

969
在来植物の多様性がカギになる
—日本らしい自然を守りたい
根本正之

日本らしい自然を守るにはどうしたらいい? 在来植物を保全する方法は? 自身の保全活動をふまえ、今後を展望する。

970
知りたい気持ちに火をつけろ!
—探究学習は学校図書館におまかせ
木下通子

レポートの資料を探す、データベースで情報検索する……、授業と連携する学校図書館の活用法を紹介します。

971
世界が広がる英文読解
田中健一

英文法は、新しい世界への入り口です。楽しく読む基礎とコツ、教えます。英語力不問、この1冊からはじめよう!

972
都市のくらしと野生動物の未来
高槻成紀

野生動物の本当の姿や生き物同士のつながりを知る機会が減った今。正しく知ることの大切さを、ベテラン生態学者が語ります。

973 ボクの故郷は戦場になった ―樺太の戦争、そしてウクライナへ 重延 浩

1945年8月、ソ連軍が侵攻を開始し、のどかで美しい島は戦場と化した。少年が見た戦争とはどのようなものだったのか。

974 源氏物語入門 高木和子

日本の古典の代表か、色好みの男の恋愛遍歴か。『源氏物語』って、一体何が面白いの？ 千年生きる物語の魅力へようこそ。

975 「よく見る人」と「よく聴く人」 ―共生のためのコミュニケーション手法 広瀬浩二郎 相良啓子

目が見えない研究者と耳が聞こえない研究者が、互いの違いを越えてわかり合うためコミュニケーションの可能性を考える。

976 平安のステキな！女性作家たち 川村裕子 早川圭子絵

紫式部、清少納言、和泉式部、道綱母、孝標女。作品の執筆背景や作家同士の関係も解説。ハートを感じる！王朝文学入門書。

977 国連で働く ―世界を支える仕事 植木安弘編著

平和構築や開発支援の活動に長く携わってきた10名が、自らの経験をたどりながら国連の仕事について語ります。

978 農はいのちをつなぐ 宇根 豊

生きものの「いのち」と私たちの「いのち」はつながっている。それを支える「農」とは何かを、いのちが集う田んぼで考える。

979
10代のうちに考えておきたいジェンダーの話
堀内かおる

10代が直面するジェンダーの問題を、未来に向けて具体例から考察。自分ゴトとして考えた先に、多様性を認め合う社会がある。

980
食べものから学ぶ現代社会
―私たちを動かす資本主義のカラクリ
平賀　緑

食べものから、現代社会のグローバル化、巨大企業、金融化、技術革新を読み解く。『食べものから学ぶ世界史』第2弾。

981
原発事故、ひとりひとりの記憶
―3・11から今に続くこと
吉田千亜

3・11以来、福島と東京を往復し、人々の声に耳を傾け、寄り添ってきた著者が、今に続く日々を生きる18人の道のりを伝える。

982
縄文時代を解き明かす
―考古学の新たな挑戦
阿部芳郎 編著

人類学、動物学、植物学など異なる分野と力を合わせ、考古学は進化している。第一線の研究者たちが縄文時代の扉を開く！

983
翻訳に挑戦！ 名作の英語にふれる
河島弘美

he や she を全部は訳さない？ この人物は「僕」か「おれ」か？ 8つの名作文学で翻訳の最初の一歩を体験してみよう！

984
SDGsから考える世界の食料問題
小沼廣幸

アジアなどで長年、食料問題と向き合い、今も邁進する著者が、飢餓人口ゼロに向け、SDGsの視点から課題と解決策を提言。

985 迷いのない人生なんて
―名もなき人の歩んだ道
共同通信社編
共同通信の連載「迷い道」を書籍化。家族との葛藤、仕事の失敗、病気の苦悩…。市井の人々の様々な回り道の人生を描く。

986 ムクウェゲ医師、平和への闘い
―「女性にとって世界最悪の場所」と私たち
立山芽以子
華井和代
八木亜紀子
アフリカ・コンゴの悲劇が私たちのスマホに繋がっている？ ノーベル平和賞受賞医師の闘いと紛争鉱物問題を知り、考えよう。

987 フレーフレー！就活高校生
―高卒で働くことを考える
中島 隆
就職を希望する高校生たちが自分にあった職場を選んで働けるよう、いまの時代に高卒で働くことを様々な観点から考える。

988 野生生物は「やさしさ」だけで守れるか？
―命と向きあう現場から
朝日新聞
取材チーム
多様な生物がいる豊かな自然環境を保つために、時にはつらい選択をすることも。悩みながら命と向きあう現場を取材する。

989 〈弱いロボット〉から考える
―人・社会・生きること
岡田美智男
弱さを補いあい、相手の強さを引き出す〈弱いロボット〉は、なぜ必要とされるのか。生きることや社会の在り方と共に考えます。

990 ゼロからの著作権
―学校・社会・SNSの情報ルール
宮武久佳
情報社会において誰もが知っておくべき著作権。基本的な考え方に加え、学校と社会でのルールの違いを丁寧に解説します。

991 データリテラシー入門
―日本の課題を読み解くスキル
友原章典
地球環境や少子高齢化、女性の社会進出など社会の様々な課題を考えるためのデータ分析のスキルをわかりやすく解説します。

992 スポーツを支える仕事
元永知宏
スポーツ通訳、スポーツドクター、選手代理人、チーム広報など、様々な分野でスポーツを支えている仕事を紹介します。

993 おとぎ話はなぜ残酷でハッピーエンドなのか
ウェルズ恵子
異世界の恋人、「話すな」の掟、開けてはいけない部屋――現代に生き続けるおとぎ話は、私たちに何を語るのでしょう。

994 歴史的に考えること
―過去と対話し、未来をつくる
宇田川幸大
なぜ歴史的に考える力が必要なのか。近現代日本の歩みをたどって今との連関を検証し、よりよい未来をつくる意義を提起する。

995 ガチャコン電車血風録
―地方ローカル鉄道再生の物語
土井　勉
地域の人々の「生活の足」を守るにはどうすればよいのか？　近江鉄道の事例をもとに地方ローカル鉄道の未来を考える。

996 自分ゴトとして考える難民問題
―SDGs時代の向き合い方
日下部尚徳
「なぜ、自分の国に住めないの？」彼らが国を出た理由、キャンプでの生活等を丁寧に解説。自分ゴトにする方法が見えてくる。